Bert Forschelen

Das große Handbuch der Weinzitate

Über 1000 Aphorismen, Zitate und geflügelte Worte bekannter Persönlichkeiten zum Thema Wein

Bert Forschelen

Das große Handbuch der Weinzitate

Über 1000 Aphorismen, Zitate und geflügelte Worte bekannter Persönlichkeiten zum Thema Wein

Rediroma-Verlag

Bibliografische Information der Deutschen Nationalbibliothek:
Die Deutsche Nationalbibliothek verzeichnet diese Publikation in der Deutschen Nationalbibliografie; detaillierte bibliografische Daten sind im Internet über http://portal.dnb.de abrufbar.

ISBN 978-3-96103-834-3

www.rediroma-verlag.de
19,95 Euro (D)

Danksagung

Vielen Dank an Dr. Martin Dutto, Nikos Kiourtis, Dr. Dimitrios Maditinos, Dr. Pedro Maranha, Dr. Beniamin Noga und viele andere Freunde und Geschäftspartner, die dieses Buch mit Ihren internationalen Inputs bereichert haben.

Inhalt

Einführung

Nach meinem ersten Zitatenbuch „Kompendium der Zitate für Unternehmer und Führungskräfte“ darf ich Ihnen mit großer Freude dieses neue Handbuch mit beachtenswerten Zitaten, Sprüchen, Aphorismen, Weisheiten und Sprichwörtern bekannter Persönlichkeiten aus der Vergangenheit und Gegenwart präsentieren. Gebündelt finden Sie weit über 1000 Zitate passend zum Thema Wein.

Als Weinliebhaber und Jungwinzer sammle ich seit vielen Jahren Zitate und Sinnessprüche von Personen, die ich auf irgendeine Art und Weise bemerkenswert finde. Es gibt unterschiedliche Gründe, weswegen Zitate „bemerkenswert“ sind. Zitate können sensibilisieren, irritieren und provozieren und somit zum Denken oder zum Überdenken eigener Ansichten anregen. Auch können Zitate und Aphorismen das allgemeine Wissen bereichern. Sie können uns beseelen und inspirieren. Nicht zuletzt können sie uns amüsieren, aufheitern, entspannen und in gewissen Phasen vielleicht auch Trost schenken.

Zitate geben uns die Möglichkeit in der beruflichen und privaten Kommunikation spontan geistreich und eloquent auftreten zu können. Die Zitatensammlung eignet sich somit nicht nur für Winzer, Weinhändler, Gastronomen oder Hoteliers, sondern z.B. auch für Journalisten, Dozenten, Redner und vor allem für alle Weinliebhaber.

Zum Buch:

Finden Sie nachfolgend weit über 1000 Zitate und Weisheiten aus zweieinhalb Jahrtausenden von Philosophen, Winzern, Musikern, Schriftstellern, Politikern, Schauspielern, Unternehmern, Funktionären oder bekannten Persönlichkeiten aus der Medienlandschaft. Es sei erwähnt, dass bei manchen Aussagen möglicherweise nicht die Urquelle genannt wurde oder dass nicht alle

Daten der Quelle (z.B. Jahrgang) ermittelt werden konnten. Auch können Übersetzungen zu leichten Verzerrungen führen, aber dieses Buch ist auch keine wissenschaftliche Arbeit. Der Fokus liegt auf der Wahrnehmung der Botschaft von Zitaten und Weisheiten, den persönlichen Interpretationsmöglichkeiten sowie den daraus resultierenden Denk- und Handlungsoptionen.

Das Buch ist alphabetisch nach Rebsorten strukturiert.

Bedenken Sie immer „Bibere humanum est, ergo bibamus“ – lassen sie sich also unter dem Genuss von einem Glas Wein inspirieren, beseelen, belustigen, irritieren, provozieren und bereichern.

Prof. Dr. Bert Forschelen

A wie Auxerrois

Der Wein ist eine Medizin. Wenn er aber ohne Manier getrunken wird, ist er ein Gift. Der Wein ist eine Erquickung des Herzens. wenn er aber unmäßig getrunken wird, ist er ein Tod der Seele.

Abraham a Sancta Clara (1644 - 1709) deutscher Geistlicher, Prediger und Schriftsteller

In einer alten Flasche lagert ein guter Wein. Aber es ist auch ein Teil Vergangenheit, was da schläft. Wenn man die Flasche öffnet, wird ein Sonnenstrahl wieder zum Leben erweckt.

Abric, Léon (1869 - 1942) französischer Dramatiker

Jeder, der meint, dass er alles von Wein weiß, ist eindeutig ein Schwindler.

Adams, Leon David (1905 - 1995) amerikanischer Journalist, Publizist, Historiker und Mitbegründer des Wine Institutes

Ein gutes Glas Wein ist geeignet, den Verstand zu wecken. Wenn man nach einer Uhr nachts trinkt, sagt man Dinge, die sich herumsprechen und die man später bereut.

Adenauer, Konrad Hermann Joseph (1876 - 1967) deutscher Bundeskanzler

Ich trinke auf unser zerstörtes Haus, auf den Schmerz meines Lebens, auf unsere gemeinsame Einsamkeit; und auf dich erhebe ich mein Glas Wein, auf verlogene Lippen, die uns verraten haben, auf tote erbarmungslose Augen und auf harte Realitäten; dass die Welt hart und rau ist, dass Gott uns tatsächlich nicht gerettet hat.

Achmatowa, Anna Andrejewna (1889 - 1966) russische Dichterin und Schriftstellerin

Es war eine leise Verspottung … ein vergiftetes Glas Wein, das berauschen sollte.

Ahdieh, Renee (1983) amerikanisch-koreanische Autorin

Metall ist der Spiegel des Gesichts, Wein aber der des Geistes.

Aischylos (um 525 - 456 v. Chr.) griechischer Dichter

Der Wein ist ein Spiegel des Menschen.

Alkaios (630 - 580 v. Chr.) griechischer Lyriker

Es gibt keinen ärmeren Mann als den Reichen, der glaubt, vor Armut geschützt zu sein. Der Rausch des Reichtums ist stärker als der des Weins.

al-Dschāhiz, Amr ibn Bahr (776 - 869) arabischer Literat

Der Trunk des Weinstocks ist der beste Trunk. Er ist ein Heilmittel ohne Schaden. Mit seinem Duft und seinem gesunden Wesen steht er über allen Medikamenten in der Abwehr von Übel.

al-Faqih al-Hamadani, Ibn (10 Jhrt.) persischer Historiker und Geograph

Altes Holz verbrennen, alten Wein trinken, alte Bücher lesen, alte Freunde haben.

Alfons XI. der Rächer (1311- 1350) König von Kastilien und León

Denn Wein ist der Glättstein
Des Trübsinns, der Wetzstein
Des Stumpfsinns, der Brettstein
Des Sieges im Schach.
Ja, Wein ist der Meister
Der Menschen und Geister,
Der Feige macht dreister
Und stärket, was schwach;
Der Krankes gesund macht,
Verborgenes kund macht,
Und Morgen aus Nacht.

Ali, Abu Mohammed Kasim ibn (1054 - 1122) irakischer Dichter und Sprachgelehrter

Vom Urbeginn der Schöpfung ist dem Wein eine Kraft beigegeben, um den schattigen Weg der Wahrheit zu erhellen.

Alighieri, Dante (1265 - 1321) italienischer Dichter und Philosoph

Im Wein ist Wahrheit.

Der Wein ist ein Spiegel des Menschen.

Alkaios (621 – 560 v. Chr.) griechischer Lyriker

Der Mensch lebt nicht vom Brot allein, nach einer Weile braucht er Wein.

Allen, Woody (1935), amerikanischer Komiker, Filmregisseur, Autor, Schauspieler und Musiker

Wer den Wein liebt, sollte das Wasser nicht verachten.

Amendt, Peter (1944) deutscher Franziskaner

Trinke Wein, nicht Etiketten.

Amerine, Maynard Andrew (1911–1998) amerikanischer Weinwissenschaftler und Autor

Ein deutsches Weinetikett ist eines der Dinge, für die das Leben zu kurz ist.

Amis, Sir Kingsley William (1922 – 1995) englischer Schriftsteller und Dichter

Die Weinberge bringen drei Arten von Weintrauben hervor: die erste des Genusses, die zweite der Trunkenheit und die dritte des Ekels.

Anacharsis (um 600 v. Chr.) lt. Herodot ein Bruder des skythischen Königs Saulios

Die schwarze Erde trinkt;
So trinken sie die Bäume;
Es trinkt das Meer die Ströme,
Die Sonne trinkt das Meer;
Der Mond sogar die Sonne;
Was wollt ihr doch, o Freunde,
Das Trinken mir verbieten?

Wein ertränkt die Sorgen.

Wir sind guter Dinge: trinket.
Trinkt und singt dem Gott der Reben.
Er hat uns den Tanz erfunden, er liebt volle Kraftgesänge,
Eros gleich ist er gartet, ist der Liebling der Kytheraias

Anakreon (575/570 - 495 v. Chr.) griechischer Lyriker

Durch den Genuss von guten Weinen könnten alle Krankheiten bis zum Tage des Todes vermieden werden.

Andeli, Henri de (13. Jhdt.) französischer Poet

Es gibt eine alte Legende über einen Heiligen, der sich eine der sieben Todsünden aussuchen musste. Er wählte diejenige, die ihm am wenigsten ernst erschien, die Trunkenheit, und damit beging er die anderen sechs Sünden.

Andersen, Hans Christian (1805 - 1875) dänischer Dichter und Schriftsteller

Je bitterer der Wein, desto stärker der Rausch.

Annunzio, Gabriele de (1863 – 1938) italienischer Schriftsteller und Dichter

Der erste Becher ist für den Durst,
der zweite für die Fröhlichkeit,
der dritte für den Genuss
und der vierte für die Tollheit.

Venus braucht zum Segeln als Proviant nichts, als dass in schlaffreier Nacht die Lampe Öl und der Becher Wein genug hat.

Apuleius (123 - 170) römischer Schriftsteller, Redner und Philosoph

Besuche regelmäßig die Zelle mit Liebe, wenn sie in den Weinkeller eingeführt werden wollen.

Trauer kann überwunden werden durch einen guten Nachruf, ein Bad und ein Glas Wein.

Aquino, Thomas von (1225 - 1274) italienischer Dominikaner, Philosophen und Theologen

Des Herren Wein ist der Dank des Mundschenks.
Vita vinum est – Wein ist Leben.

Arbiter, Titus Petronius (14 - 66) römischer Senator und Autor

Durch die Ruderbänke reicht die Becher, öffnet alle Krüge für die Zecher, wie könnten wir bei so viel Wein, die ganze Nachtwach‘ über nüchtern sein?

Archilochos von Palos (700 - 645 v. Chr.) griechischer Lyriker

Einem jeden Menschen gibt die Natur das Seine.
Wenn ich dichte, trinke ich nur vom guten Weine,
Wie der Wein ist, den ich trink’, so ist auch mein Schreiben.
Wenn ich nichts genossen hab’, kann ich nichts betreiben.
Verse, die ich nüchtern mach’, ach wie leicht die wiegen.
Nach dem Trunk kann ich jedoch den Ovid besiegen.

Ich habe mir vorgenommen, im Wirtshaus zu sterben.

Archipoeta (1125/1135 - 1165) lateinischsprachiger Dichter, dessen wirklicher Name und Herkunft nicht überliefert sind

Ich mag die Beziehung zur Erde, zu der Zeit. Aber ich kann es nicht. Jeder sein Ding. Ein Winzer kann Shakespeare möglicherweise nicht spielen. Es gibt auch sehr wenige Schauspieler, die es geschafft haben, gute Weine herzustellen.

Man erzählt so viel Unsinn über Wein, schlussendlich können wir sagen, dass diese Flüssigkeit die Menschen nicht auseinandertreibt; es bringt uns zusammen, es vereint uns, es beschwichtigt, wir, die Menschenkinder, die beschlossen haben, für immer zusammen zu bleiben.

Arditi, Pierre (1944) französischer Schauspieler

Wein ist ein feuriges Ross für den heiter scherzenden Sänger – ein Wassertrinker zeugt doch nichts Gescheites.

Du wagst, des Weines erfinderische Kraft zu schmähen? Was fändest Du beflügelnd, mehr die Tat als Wein?

Wenn Männer trinken, sind sie reich und erfolgreich und gewinnen Klagen und sind glücklich und helfen ihren Freunden.

Schnell, bring mir einen Becher Wein, damit ich meinen Verstand befeuchten kann und etwas Schlaues sage.

Aristophanes (450 - 380 v. Chr.) griechischer Komödiendichter

Kunst und Wein sind die höchsten Freuden des freien Mannes.

Vergeblich klopft, wer ohne Wein ist, an der Musen Pforte.

Der Wein löst aber auch Liebesgefühle aus; das sieht man daran, dass man sich beim Trinken verleiten lässt, Leute zu küssen, die nüchtern kein Mensch küssen würde, sei es wegen ihres Aussehens.

Aristoteles (384 - 322 v. Chr.) griechischer Philosoph

So frisch blüht sein Alter wie greisender Wein.

Arndt, Hans (1909 - 1995) deutscher Schriftsteller, Aphoristiker und Journalist

Humor ist das Wasser des Jenseits, gemischt mit dem Wein dieser Welt.

Arp, Hans Peter Wilhelm (1886 - 1966) deutsch-französischer Künstler

Ein Land, in dem der Liter Benzin teurer ist als ein Liter Roter, ist in Gefahr.

Artur, José (1927 - 2015) französischer Komödiant und Radiomoderator

Die beste Art und Weise, die Qualität eines Weines zu bestimmen ist zu schauen, wie schnell die Flasche leer wird.

Asher, Gerald Albert (1932) englischer Weinhändler und Autor

In vielen Fällen braucht der Mensch den Wein.
Er stärkt den schwachen Magen,
erfrischt die ermatteten Kräfte,
heilt Wunden an Leib und Seele,
verscheucht Trübsal und Traurigkeit,
verjagt die Müdigkeit der Seele,
bringt Freude und entfacht unter Freunden
die Lust am Gespräch.
Im Trockenen kann der Geist nicht wohnen.
Wenn der reich ist, der Wein besitzt, wie reich ist derjenige, der den Wein macht?

Augustinus von Hippo (354 - 430) römischer Kirchenlehrer und Philosoph

Es soll keiner so wenig Wein trinken, dass er seiner Gesundheit schadet.

Aurelius, Marcus (121 - 180) römischer Kaiser und Philosoph

B wie Blaufränkisch

Wein lässt einen Mann wie einen Esel auf einer reichen Weide wirken.

Babur, Zahir ad-Din Muhammad (1483 - 1530) dschingisidischer Begründer des Mogulreiches

Sie waren schlechte Redner, lasen wenig Bücher und wenig Zeitungen, tranken immer denselben Wein und aßen die gleichen drei Gerichte, aber sie waren die Retter des Vaterlandes.

Bacher, Gerhard Angelo Roman (1925 - 2015) österreichischer Journalist und Generalintendant des ÖRF

Ich habe ein schlechtes Gewissen, wenn ich Weine, die mehr als 30 Euro kosten, zu Spaghetti aufmache.

Bachmayer, Wolfgang (1948) österreichischer Marktforscher

Nichts gewinnt so sehr durch das Alter wie Brennholz, Wein, Freundschaften und Bücher.

Der junge Weinstock gibt mehr Trauben, der alte aber gibt besseren Wein.

Bacon, Francis (1561 - 1626) englischer Philosoph, Staatsmann und Naturwissenschaftler

Meinem Wein zugewandt sah ich die Dämmerung nicht, fallende Blüten haben die Falten meiner Kleidung gefüllt. Betrunken stehe ich auf und nähere mich dem Mond im Strom, die Vögel sind weit weg, Menschen sind auch nur wenige zugegen.

Und die Sorgen kehrten zurück obwohl wir sie mit Wein ertränkten.

Bai, Li (701–762) chinesischer Dichter

Der Wein vergoldet die kärglichste Mahlzeit, und hierzulande wird oft dem Koch ein Kranz gewunden, der eigentlich seinem Kellermeister gebührt.

Sollte deine Frau Roussillonwein trinken, Hammelfilet essen, zu jeder beliebigen Stunde ausgehen und die Enzyklopädie lesen wollen, dann musst du sie auf die dringlichste Weise dazu auffordern.

Großartige Liebesaffären starten mit Champagner und enden mit Kräutertee.

Nichts ist so grau wie der Wein des Unglücks.

Balzac, Honoré de (1799 - 1850) französischer Schriftsteller

Ich bin keine Weinkennerin, aber ich weiß, was ein schlechter ist.

Banks, Lynne Reid (1929) britische Schriftstellerin

Tief im Inneren des Weines versteckt sich eine Seele.

Das ist die Weisheit, liebe den Wein, die Schönheit, den Frühling, den göttlichen Frühling. Das reicht. Der Rest ist unnütz.

Banville, Théodore Faullain de (1823 - 1891) französischer Dichter

Champagne ist die eine Sache, die mir Schwung gibt, wenn ich mich müde fühle.

Bardot, Brigitte Anne-Marie (1934) französische Filmschauspielerin, Sängerin und Model

Wenn ich in meiner Nachbarschaft einen Kellner nach einem wirklich alten Wein frage, schauen sie mich komisch an und bringen mir ein halbvolles Glas von einem anderen Tisch.

Barreca, Regina (1957) amerikanische Hochschullehrerin und Humoristin

In Frankreich ist Trunkenheit eine Konsequenz, niemals eine Absicht. Ein Getränk wird als das Herausschleudern eines Vergnügens empfunden, nicht als die notwendige Ursache für eine gesuchte Wirkung. Wein ist nicht nur ein Zaubergetränk, sondern auch der gemächliche Akt des Trinkens.

Wein ist ein Teil der Gesellschaft, weil er nicht nur die Grundlage für eine Moral, aber auch für die Umwelt bildet. Es ist ein Schmuckstück für leichte Zeremonien des französischen Alltags, vom Imbiss bis zum Festmahl, vom Gespräch im örtlichen Café bis zur Rede bei einem feierlichen Abendessen.

Barthes, Roland (1915 - 1980) französischer Philosoph, Schriftsteller und Literaturkritiker

Die wichtigste Anschaffung im Leben eines Weinsammlers ist der Kauf eines Korkenziehers.

Eine Magnum-Flasche? Genau die richtige Größe für einen schönen Abend. Vorausgesetzt, man beginnt mit einem Champagner, man endet das Menü mit einem Sauternes, und man ist allein daheim …

Barton, Anthony (n.d.) Inhaber Château Léoville-Barton

Und hob den Kelch und trank ihn leer, ganz in sich gekehrt.

Baschnonga, Emil (1941) schweizer Schriftsteller und Aphoristiker

Der Wein wandelt den Maulwurf zum Adler.

Ein Schätzchen ist eine Flasche Wein, eine Frau eine Weinflasche.

Würde der Wein aus der menschlichen Produktion verschwinden, ließe er eine Leere in der Gesundheit und der Intelligenz, die weit schlimmer wäre als alle Auswüchse, derer man ihn schuldig spricht.

Man muss immer betrunken sein. Das ist alles: das einzige Geheimnis. Um die schreckliche Last der Zeit nicht zu spüren, die deine Schultern zerbricht und dich zu Boden drückt, musst du dich unendlich berauschen. Doch womit? An Wein, an Versen oder an Tugend, wie du willst. Aber berausche dich.

Der Wein ist wie der Mensch, man wird niemals recht wissen, bis zu welchem Grade man ihn schätzen oder verachten, ihn lieben oder hassen kann. Ebenso weiß man nicht, wie viele hervorragender Handlungen oder ungeheuerlicher Missetaten er fähig ist. Seien wir also nicht grausamer gegen ihn als wie gegen uns selber und behandeln wir ihn als unseresgleichen.

Wer nur Wasser trinkt, hat ein Geheimnis zu verbergen.

Boire du vin, c‘est boire du génie.

Baudelaire, Charles-Pierre (1821 - 1867) französischer Schriftsteller und Lyriker

Wenn der Wein drin ist, ist der Verstand draußen.

Becon, Thomas (1511 - 1567) englischer Geistlicher

Geburt ist der süße Wein des menschlichen Lebens.

Beecher, Henry Ward (1813 - 1887) amerikanischer Prediger

Schade, schade, zu spät (seine letzten Worte, 12:45 Uhr am 26. März 1827)

Beethoven, Ludwig von (1770 - 1827) deutscher Komponist und Pianist

Wie erkennt man ein gutes Restaurant? Dort sind die Weingläser größer als die Wassergläser.

Beigbeder, Frédéric (1965) französischer Schauspieler, Drehbuchautor und Regisseur

… und ich bekomme mein drittes und viertes Glas Wein, meine Gelenke werden weich und es gibt meinen Haaren einen roten Schimmer, meine Brüste blühen, meine Augen fühlen sich sinnlich und weise, und mein Kleid fühlt sich an wie Wasser.

Bender, Aimee (1969) amerikanische Schriftstellerin

Es geschieht nur ungern, dass wir bestimmen, wie viel andere essen oder trinken sollen. Dennoch glauben wir unter Berücksichtigung schwächerer Brüder, dass eine Hemina am Tag ausreichend sei. Jene jedoch, denen Gott die Gabe der Enthaltsamkeit verliehen hat, mögen wissen, dass ihren besonderer Lohn harrt.

Benedikt von Nursia (480-542) Einsiedler, Ordensgründer, Abt auf dem Montecassino, Vater des abendländischen Mönchtums

Ich habe keine Probleme mehr mit Drogen. Das Dolce Vita in Rom gibt es nicht mehr. Aber ich trinke gerne mal ein Glas Rotwein.

Berger, Helmut (1944) österreichischer Schauspieler

Der Wein ist ein gar köstlich Nass. Wer ihm begegnet mit Feindschaft und Hass, den soll man als ein Feind erkunden und ihm das Haar am Arsch anzünden.

Berlichingen zu Hornberg, Gottfried von (1480 - 562) fränkischer Reichsritter

Bacchus – nützliche Gottheit; von den Alten als Ausrede für einen guten Rausch erfunden.

Der Wein ist Gottes zweitbestes Geschenk an den Mann.

Wenn man einen Streit mit Wein begießt, erreicht man mehr als mit einem Prozess.

Ein Abstinenzler ist eine charakterschwache Person, die der Versuchung erliegt, sich selbst ein Vergnügen zu versagen.

Wein: fermentierter Traubensaft, der dem christlichen Frauenverband unter dem Namen „Getränk“ und manchmal „Rum“ bekannt ist.

Bierce, Ambrose Gwinnett (1842 - 1914) amerikanischer Schriftsteller und Journalist

An den meisten Tagen jongliere ich recht gut durchs Leben, an den anderen Tagen gibt es Rotwein.

Bermingham, Rachael (n.d.) australische Unternehmerin und Autorin

Frauen als Priester? Das wäre wie Pizza und Cola statt Brot und Wein.

Biffi, Giacomo Kardinal (1928 - 2015) italiensicher Erzbischof von Bologna

Mond und Trinker
Schlaf ein, o Mond, schlaf ein auf meinem Becher.
Ich seh dir zu.
Ich seh dir zu, o Mond, – ein Zecher so still wie du.

So still wie du, mit dir und fast gestorben
Durchwandle ich ein nächtliches Bereich.
Wir sehn uns zu.
Du trinkst aus meinem Becher: und wir sind gleich.

Wein ist Denken und Tun, Wein ist Wachstum und Wohlstand, Wein ist Sorge und Genuss der Menschen. Wein ist Rede und Antwort.

Binding, Rudolf Georg (1867 - 1938) deutscher Stabsoffizier und Schriftsteller

Wir haben viel gelacht und mir wurde immer wärmer. Mir ist klar, dass es ein Teil dieser Wärme auf den Wein zurückzuführen war, aber es steckte mehr dahinter. Der Messwein hat zwei verschiedene Aspekte: ein Aspekt ist der Wein selbst, der andere ist die Idee der Gemeinschaft …

Billingsley, Franny (1954) amerikanische Autorin

Wenn der Mensch das Rechte ergreift, verlässt er sich selbst, kostet die Tugend und trinkt. Er wird davon gestärkt, wie die Adern eines Trinkenden voll Wein werden.

Wein ist Medizin, Bier ein Getränk, Wasser ist zum Waschen … nur wirklich gesunden Menschen soll man raten, einen Schluck Wasser zu trinken.

Der Wein – maßvoll genossen – heilt und erfreut den Menschen zutiefst durch seine große Kraft und Wärme.

Bingen, Hildegard von (1098 - 1179) deutsche Benediktinerin, Äbtissin, Dichterin, Komponistin und Universalgelehrte

Steht man vor einer schwierigen Aufgabe, so sollte man vorher eine halbe Flasche Rotwein trinken – besser, man trinkt sie ganz.

Der Branntwein ist das Getränk des berühmten armen Mannes.

Bismarck-Schönhausen, Otto Eduard Leopold (1815 - 1898) deutscher Politiker und Staatsmann

Wein ist die Milch der Götter, Milch das Getränk der Babys, Tee das Getränk der Frauen und Wasser das Getränk der Tiere.

Blackie, John Stuart (1809 - 1895) schottischer Philologe, Schriftsteller und Hochschullehrer

Der beste Wein ist der älteste, das beste Wasser ist das jüngste.

Blake, William (1757 - 1827) englischer Dichter, Naturmystiker und Maler

Der Mensch: eine unendlich komplizierte Maschine, die den edelsten Rotwein in Urin verwandeln kann.

Blixen-Finecke, Karen Christence von (1885 - 1962) dänische Schriftstellerin und Unternehmerin

Gib mir, Herr, diesen Wein, der so notwendig ist wie dein kostbares Blut. Ansonsten ist alles hier unten so hässlich und mürrisch. Dieser Wein macht das Leben akzeptabel und erträglich für die verdammten Zeitgenossen, die sie mir gegeben haben.

Bloy, Léon Marie (1846 - 1917) französischer Schriftsteller und Sprachphilosoph

In der abstrakten Kunst des Kochens trumpfen Zutaten Geräte, ersetzt Leidenschaft Fachwissen, triumphiert Kreativität über Technik, inspiriert Spontanität Erfindung und wird Wein die schlimmste kulinarische Katstrophe noch gut schmecken lassen.

Blumer, Bob (1958) kanadischer Fernsehmoderator und Autor

In der Schule habe ich nichts gelernt. Ich ziehe es vor zu wissen, dass 1947 ein guter Weinjahrgang war.

Wenn du nicht weißt, was du trinken sollst, nimm Champagner, einfach und doch lecker.

Bocuse, Paul (1926 - 2018) französischer Koch, Gastronom und Kochbuchautor

Es ist besser, Genossenes zu bereuen, als zu bereuen, dass man nichts genossen hat.

Boccaccio, Giovanni (1313 - 1375) italienischer Schriftsteller, Dichter und Humanist

Der ist nicht wert des Weines, der ihn wie Wasser trinkt.

Kein Tropfen geh verloren von dem, was Weise trinken.

Aus der Feuerquell des Weines,
aus dem Zaubergrund des Bechers,
sprudelt Gift und – süße Labung,
sprudelt Schönheit – und Gemeines:
nach dem eig‘nen Wert des Zechers,
nach des Trinkenden Begabung.
Lieber Sterne ohne Strahlen
Als Strahlen ohne Sterne;
Lieber Kerne ohne Schalen
Als Schalen ohne Kerne;
Geld lieber ohne Taschen
Als Taschen ohne Geld;
Wein lieber ohne Flaschen
Als umgekehrt bestellt.

Bodenstedt, Friedrich Martin von (1819 - 1892) deutscher Schriftsteller

Milch ist der Wein der Kinder, Wein ist die Milch der Alten.

Boerhaave, Herman (1668 - 1738) niederländischer Mediziner, Chemiker und Botaniker

„Entschuldigen Sie, dass ich den bestellten Wein erst jetzt bringe, aber es ist etwas dazwischengekommen."
Der Gast, nachdem er den Wein gekostet hat: „Das schmeckt man auch."

„Mein Mann ist jetzt Teilhaber in einem Weingeschäft. Er verdient ganz anständig."
„Sagten Sie, er verdient oder er verdünnt?"

„Herr Ober, was ist denn das für ein Getränk?"
„Wein, mein Herr.„
„So? Na, wenn das Wein ist, dann fahren die Schiffe von Amerika nach Europa auch auf Wein."

„Und wie lautet Ihr Name?"
„Rosine, mein Herr."
„Dachte ich es mir doch. Schade, dass ich Sie nicht schon als Weintraube kennengelernt habe"

Der Gastgeber fragt: „Was darf ich Ihnen geben, Herr Friedell, Bier, Wein, Cognac?"
„Jawohl", antwortet Friedell, „und zwar in dieser Reihenfolge."

Böhm, Max Erich Octavian (1916 - 1982) österreichischer Schauspieler und Kabarettist

Trinke Wein im Winter, weil es kalt ist, und im Sommer, weil es heiß ist.

Bohn, Henry George (1796 - 1884) britischer Verleger

Ich trinke ihn, wenn ich glücklich bin, und ich trinke ihn auch, wenn ich traurig bin. Manchmal trinke ich ihn, wenn ich allein bin; in Gesellschaft trinke ich ihn sowieso. Selbst wenn ich keinen Appetit habe, nehme ich gern ein Gläschen zu mir. Und wenn ich Appetit habe, greife ich natürlich auch zu ihm. Aber sonst rühre ich ihn nicht an, außer wenn ich durstig bin.

Bollinger, Elisabeth (1899-1977) französische Gesellschafterin des Champagner-Hauses Bollinger

Wein inspiriert und trägt enorm zur Lebensfreude bei.

Nach dem Sieg verdienst du ihn, nach der Niederlage brauchst du ihn.

Bonaparte, Napoleon, Kaiser Napoleon I. (1769 - 1821) französischer General, revolutionärer Diktator und Kaiser

Ich denke nie an die Frauen von Polizisten. Ihre Schönheit macht mich genau so verrückt wie Wein.

Bonfiglioli, Kyril Emanuel George (1928 - 1985) englischer Kunsthändler und Schriftsteller

Berauscht euch. Nur berauscht lässt sich dies Leben leben. Berauscht von Geist und Blut und Reben, berauscht von Licht und Dunkelsein. Sauft doch das Leben, das Leben selbst ist Wein.

Borchert, Wolfgang (1921 - 1947) deutscher Schriftsteller

Man ist nur Herr, sich den ersten Becher zu versagen, nicht den zweiten.

Der Arme aber, den das Glück überrascht, dem es die nackten Wände zauberschnell mit hohen Pfeilerspiegeln bedeckt, dem der Gott des Weins plötzlich die leeren Fässer füllt – der taumelt von Gemach zu Gemach, der berauscht sich im Becher der Freude, teilt unbesonnen mit vollen Händen aus und blendet, weil er ist geblendet.

Börne, Carl Ludwig (1786 - 1837) deutscher Journalist, Literatur- und Theaterkritiker

Ein Freund in deinem Leben ist wie Brot und Wein.

Bosmans, Phil (1922 - 2012) belgischer Ordensgeistlicher und Schriftsteller

Der erste Wein den ich trank, ein Chateau Haut-Brion, ich war 22, es war mein erstes Glas Wein, und ich entdeckte Sinnlichkeit.

Bouquet, Carole (1957) französische Schauspielerin

Wein ist ein verräterischer Freund, vor dem du immer auf der Hut sein musst.

Bovee, Christian Nestell (1820 - 1904) amerikanischer Schriftsteller

Manche Herzen gleichen kühlen und dunklen Kellern; man muss tief hinabsteigen, um den feurigen Wein heraufzuholen.

Boy-Ed, Ida (1852 - 1928) deutsche Schriftstellerin

Löwenzahnwein. Die Worte waren Sommer auf der Zunge. Der Wein wurde im Sommer gemacht und dann verschlossen … versiegelt für die Öffnung an einem Tag in Januar, wo es schneit und die Sonne wochenlang verschwunden war …

Bradbury, Ray Douglas (1920 - 2012) amerikanischer Schriftsteller und Drehbuchautor

Im Wein ist Wahrheit – darum gehört das Moseltal zu den wahrsten Landschaften der Erde.

Schlechter Wein kann einem Angst vor einem guten machen.

In der Wahrheit ist nicht weniger Wein als im Wein Wahrheit.

Goethe trank täglich mehr als zwei Liter Wein und wurde über 80 Jahre alt. Und niemand sage, mit nur einem Liter hätte er zweimal so viel geschrieben und wäre er doppelt so alt geworden.

Brand, Gregor (1957) deutscher Verleger, Schriftsteller und Lyriker

Wer nur vier oder fünf Flaschen Wein im Keller hat, hat relativ wenig, wer aber vier oder fünf Flaschen im Kabinett hat, hat relativ viel.

Brandt, Willy (1913 - 1992) deutscher Bundeskanzler

Der beste Wein ist nicht unbedingt der teuerste, aber der, den wir teilen.

Brassens, Georges (1921 - 1981) französischer Dichter und Schriftsteller

Er sah aus, als wäre er mit einer Weinflasche zu Tode geprügelt worden, aber er tat es wohl selbst mit dem Inhalt der Flasche.

Brautigan, Richard (1935 - 1984) amerikanischer Schriftsteller

Wo Reben sich ranken, mit innigem Trieb, so meine Gedanken habt alles hier lieb.

Brentano de La Roche, Clemens Wenzeslaus (1778 - 1842) deutscher Schriftsteller

Der edle Wein ist doch der beste Schieferdecker,
sein güldener Schein macht alle Menschen etwas kecker,
ich wundre mich, dass er so klettern kann und steigen,
und macht, dass sich die großen Häupter vor ihm neigen.

Brentano de La Roche, Clemens Wenzeslaus (1778 - 1842) deutscher Schriftsteller und Arnim, Carl Joachim Friedrich Ludwig von (1781 - 1831) deutscher Schriftsteller

Boris hat alles, man kann ihn nur noch mit einer alten guten Flasche Wein überraschen.

Bresnik, Günter (1961) österreichischer Tennistrainer

Wozu die Wahrheit im Kaffeesatz suchen, da sie doch so angenehm im Wein untergebracht ist.

Brie, André (1950) deutscher Politiker, Publizist und Journalist

Ohne die Weinkultur ist es noch keinem Volk gelungen, eine Kultur der Küche und der Tafel aufzubauen.

Die Behauptung, man dürfe den Wein nicht wechseln, ist eine Ketzerei. Die Zunge wird übersättigt, und nach dem dritten Glas erregt der beste Wein nur noch eine schwache Empfindung.

Beim Bordeaux bedenkt, beim Burgunder bespricht, beim Champagner begeht man Torheiten.

Der Wein? Von allen Getränken das liebenswerteste.

Wein ist der Monarch der Flüssigkeiten.

Ein Essen ohne Wein ist wie ein Tag ohne Sonnenschein.

Tee kann den Wein beim Frühstück perfekt ersetzen.

Einem Zecher bot man zum Dessert einige Trauben an. Er lehnte ab, er sagte: „Danke bestens. Ich pflege meinen Wein nicht in Pillenform zu nehmen.“

Brillat-Savarin, Jean Anthelme (1755 - 1826) französischer Richter, Schriftsteller und Gastrosophen

Schön, die Form der Vase. Aber es ist so leer ohne Wein.

Brito, Casimiro Cavaco Correia de (1938) portugiesischer Schriftsteller

Im Wein birgt sich viel: Spiel, Schwermut und Lust. Aber du musst, ohne Ziel, dich ihm ergeben, nichts wollen und ganz ohne Verlangen sein. Es sollen schon Weise auf leisen Sohlen verstohlen mit ihm in den Himmel gegangen sein.

Britting, Georg Josef (1891 - 1964) deutscher Schriftsteller und Dichter

Einen guten Wein mit einem guten Essen in einer guten Gesellschaft zu trinken, ist einer der zivilisiertesten Freuden des Lebens.

Es gibt viele Weine, deren Kostprobe großartig ist, aber sich nicht trinken lassen.

Broadbent, Michael (1927) britischer Weinkritiker

Es gibt Weine aus Trauben und Weine aus Wurzeln. Die ersten erhoffen das Beste vom Himmel, die zweiten finden ihre Wahrheit in der Erde.

Brocard, Jean Marc (1946) französischer Winzer und Autor

„Wünschen Sie Weiß- oder Rotwein?“
„Das ist egal, denn ich bin Farbenblind“

Broeckhoven, Wiet Van (1949 - 2019) belgischer Radiomoderator, Schriftsteller und Politiker

Etwas von Vergeltung habe ich geschmeckt beim ersten Mal: als aromatischer Wein wirkte er warm und rassig beim Trinken; sein metallischer und korrodierender Nachgeschmack gab mir das Gefühl, als wäre ich vergiftet worden.

Brontë, Charlotte (1816 - 1855) britische Schriftstellerin

Die Liebe des Vaterlandes, die vorherrschende Tugend der großen Seelen, ergreift mich immer wieder wie einer Flasche Burgunderwein.

Brosses, Charles de, Baron de Montfalcon (1709 - 1777) französischer Jurist und Philologe

Der Wein ist Ausdruck meiner Leidenschaft für das Land in dem ich geboren wurde. Es ist eine ständige Suche, unaufhörlich, nach der perfekten Kombination aus Terroir, Rebsorte und Winzer.

Der Südwesten ist eigentlich alles, was übrig bleibt, nach Bordeaux und Burgund.

Brumont, Alain (n.d.) französicher Winzer

Sag mir, wie du dich ernährst, und ich sage dir, was du willst und was du denkst.

Brun, Guillaume-Charles (1825 - 1908) französischer Maler

Die Begeisterung ist das tägliche Brot der Jugend, Diese Skepsis ist der tägliche Wein des Alters.

Buck, Pearl Sydenstricker (1892 - 1973) amerikanische Schriftstellerin

Um heutzutage sehr guten Wein zu kaufen, braucht man nur noch Geld. Es Ihren Gästen zu servieren ist ein Zeichen der Ermüdung.

Buckley, William Frank Jr. (1925 - 2008) amerikanischer Autor, Journalist und Kommentator

Wenn es um das Schreiben über Wein ging, habe ich getan, was fast jeder tut – getürkt.

Buchwald, Arthur (1925 - 2007) amerikanischer Publizist und Humorist

Mein Einwand gegen den Krieg war nicht, dass ich jemanden töten musste oder selber sinnlos getötet werden konnte. Was ich ablehnte war, dass man mir das Recht verweigerte, in einem kleinen Raum zu sitzen, zu hungern, einen billigen Wein zu trinken und in meiner Freizeit auf meiner Art und Weise verrückt zu werden.

Ich war ziemlich arm und dass meiste Geld gab ich für Wein und klassische Musik aus. Ich liebte es, die zwei miteinander zu verbinden.

Das Leben ist eine Illusion, hervorgerufen durch Alkoholmangel.

Bukowski, Henry Charles Jr. (1920 - 1994) amerikanischer Dichter und Schriftsteller

Wenn du mich fragst haben Männer, die keinen Wein mögen, Spiele, die Gesellschaft schöner Frauen oder keine Gespräche zum Abendessen, etwas Unheimliches. Solche Menschen sind ernsthaft krank oder sie verabscheuen heimlich jeden.

Bulgakow, Michail Afanassjewitsch (1891 - 1940) sowjetischer Schriftsteller

Ich möchte trunken sein, leben und sterben. Trunken sein von der Schönheit der Frauen, trunken vom Glück zu lieben, trunken vom Rausch des Weines.

Bulla, Horst (1958) deutscher Dichter und Autor

Wein ist die Blume im Knopfloch der Zivilisation.

Buning, Johan Willem Frederik Werumeus (1891 - 1958) niederländischer Dichter und Schriftsteller

Nimm immer einen Korkenzieher mit und der Wein folgt von selbst.

Bunting, Basil Cheesman (1900 - 1985) britischer Dichter

Das erste Wunder, was Jesus bewirkte, war die unmittelbare Schaffung eines Weines. Kein Wunder, dass die Leute ihn liebten. Danach hatte er wahrscheinlich einige Hochzeitseinladungen bekommen.

Burroughs, Dillon (1976) amerikanischer Autor

In der Philosophie ist Phänomenologie das Studium der Strukturen von Erfahrung und Bewusstsein. Weinblindverkostung ist die beste Phänomenologie, ja Phänomenologie schlechthin, die uns von unseren Köpfen in die Welt zurückbringt und uns gleichzeitig die Methoden des Geistes lehrt.

Wein ist eine Geschichte, die Geschichten hervorbringt und Männer, ein geschichte-erzählendes Tier.

Trinken macht aus einem Narren einen lustigen Narren.

Es war kein Zufall, dass an allen vier Seiten, in allen vier Ecken, das römische Reich da aufhörte, wo man keinen Wein mehr herstellen konnte.

Die größten Weine sind jene, die von Leben und Tod, Macht und Barmherzigkeit, Sex und Sinnlichkeit sprechen.

Burton, Neel (1978) britischer Psychiater, Philosoph und Schriftsteller

Sie stritten sich beim Wein herum, was das nun wieder wäre: Das mit dem Darwin wäre gar zu dumm und wider die menschliche Ehre. Sie tranken manchen Humpen aus, sie stolperten aus den Türen, sie grunzten vernehmlich und kamen nach Haus gekrochen auf allen vieren.

Rotwein ist für alte Knaben eine von den besten Gaben.

Stets trank er lieber Wein als Wasser und war auch nie ein Weiberhasser.

Ein Trinkgefäß, sobald es leer, macht keine rechte Freude mehr.

Wie lieb und luftig perlt die Blase der Witwe Klicko in dem Glase.

Der Wein ist ein vortrefflich Ding,
Die Weiber achten's leider zu gering
Und haben's nicht bedacht.
Er stärket den Mut,
Bewegt das Herz in frischer Glut.
Er stärket den Mut,
Bewegt das Herz,
Bei Tage und bei Nacht.

Der Mensch, der trinkt so dann und wann, soviel er eben trinken kann.

Wenn du noch ein Onkel hast und der hat gute Weine, so sorge, dass er dich nicht hasst, sonst trinkt er ihn alleine.

Wer als Wein- und Weiberhasser jedermann im Wege steht, Der genieße Brot und Wasser, bis er endlich in sich geh.

Junge Hähnchen, sanft gebraten, dazu kann man dringend raten, und man darf getrost inzwischen etwas Rheinwein druntermischen.

Busch, Heinrich Christian Wilhelm (1832 - 1908) deutscher Dichter und Zeichner

Die modernen Beislwirte verkaufen den Wein solange schwarz unter der Budel, bis sie genug haben. Dann gehen sie in Konkurs und eröffnen ums Eck ein neues Beisl.

Busek, Erhard (1941) österreichischer Politiker

Wenn deine Arterien gut sind, iss mehr Eis. Wenn sie schlecht sind, trinke mehr Rotwein.

Byrd, Sandra (n.d.) amerikanische Autorin

Lasst uns Wein und Frauen, Heiterkeit und Gelächter genießen, Predigten und Sodawasser am Tag danach.

Die Ehe entsteht aus der Liebe, wie Essig aus dem Wein.

Der Wein tröstet die Betrübten, lässt die Alten jünger werden, beflügelt die Jugend und enthebt den Bedrückten die Last ihrer Sorgen.

Lang lebe der Wein – da der Sommer nicht währt. Vom Alter des Nektars sei unsers verklärt.

Im Lenze der Jugend, da träumt das Gemüt und schwärmet von Freundschaft, die nimmer verblüht; Ich schwärmte! Wer schwärmt nicht? - Nun geb ich es zu, Die Freunde, o Wein, nicht so treu sind wie du.

Byron, George Gordon Noel, 6. Baron Byron (1788 - 1824) britischer Dichter

C wie Chardonnay Blanc

Der einzige Weg, das Leben erträglich zu machen, besteht darin, so viel wie möglich Wein zu trinken.

Cabell, James Branch (1879 - 1952) amerikanischer Autor

Mein Konzept für ein langes Leben: eine Zigarette, ein Glas Portwein, keine Schwelgerei.

Calment, Jeanne Louise (1875 - 1997) Französin, hält seit 1990 den Rekord des höchsten erreichten Lebensalters eines Menschen

Es ist nirgendwo untersagt, zu lachen oder sich zu sättigen oder neue Besitztümer mit dem alten, ererbten zu verbinden oder zum Klang der Musik sich zu erfreuen oder Wein zu trinken.

Calvin, Johannes (1509 - 1564) französischer Reformator und Begründer des Calvinismus

Zeit ist ein schwarzer Vogel, gefangen in einem Glas Rotwein.

Cami, Ben (1920 - 2004) belgischer Dichter

Eines der Cafès hatte eine geniale Idee für einen Slogan: „Der beste Schutz gegen Infektionen ist eine gute Flasche Wein“, was eine bereits vorherrschende Meinung, dass Alkohol gut gegen Infektionen wäre, bestätigte. Jede Nacht gegen zwei Uhr morgens stolperten eine Reihe von Männern, die aus den Café hinausgeworfen waren, durch die Straßen und schrien Optimismus heraus.

Camus, Albert (1913 – 1960) französischer Schriftsteller

Die junge Generation hat auch heute Respekt vor dem Alter, allerdings nur noch beim Wein, beim Whisky und bei den Möbeln.

Capote, Truman (1924 - 1984) amerikanischer Schriftsteller, Schauspieler und Drehbuchautor

Die zweite Liebe einer Frau sieht aus wie der Wein in einer schlecht gespülten Flasche.

Capus, Alfred (1858 - 1922) französischer Journalist, Romancier und Theaterschriftsteller

Gutes Essen und guter Wein erfreuen das Herz des Gastronomen.

Carême, Marie-Antoine (1784 - 1833) französischer Koch

Welcher Wein passt zu Captain Crunch?

Carlin, George Denis Patrick (1937 - 2008) amerikanischer Komiker, Schauspieler, Sozialkritiker und Autor

Die einzige Waffe, die ich toleriere, ist der Korkenzieher.

Carmet, Jean Gabriel Edmond (1920 - 1994) französischer Schauspieler

Wenn ich ein Glas Wein trinke, werde ich ein anderer Mensch, und der andere ist immer sehr durstig.

Die Bibel sagt; trinke dein Wein vom ganzen Herzen, aber es wird nicht erwähnt in welchem Tempo.

Carmiggelt, Simon Johannes (1913 - 1987) niederländischer Schriftsteller und Kolumnist

Jeder Freund ist gleich dem ältesten Wein in Ihrem Weingut. Nehmen Sie es weise, erheben Sie das Glas vorsichtig.

Carvalho, Ronaldo de (1893 - 1935) brasilianischer Lyriker und Diplomat

Mit vollem Magen und vom Wein erhitzt, besteige ich die Kanzel. Die ersten Sätze lassen sich ganz gut an. Dann lege ich eine Kunstpause ein, um zum eigentlichen Vortrag überzugehen. Ich weiß heute nicht mehr, wie es geschah, der Inhalt meiner Rede ist aber auf einmal vollkommen aus meinem Kopf verschwunden.

Casanova, Giacomo Girolamo (1725 - 1798) venezianischer Schriftsteller und Abenteurer

Er stammte aus einer Rasse von Trinkern, die einen Alkoholgehalt von zwölf Prozent verächtlich betrachteten, ohne zu wissen, dass die Verzauberungen der vergorenen Trauben subtiler wirken als die destillierten Getreidespirituosen. Ich behaupte nicht, dass er betrunken war. Sagen wir lieber, dass die Tränen Christi sein Herz geöffnet haben.

Caspary, Vera Louise (1899 - 1987) amerikanische Schriftstellerin und Drehbuchautorin

Er ist ein Idealist: Er hat nie etwas anderes gemocht als Wein, Liebe und Tabak.

Cassou, Jean (1897 - 1986) französischer Schriftsteller, Kunsthistoriker und Konservator

Ich bevorzuge mein Wasser in Weinform.

Cast, Phyllis Christine (1960) amerikanische Autorin

Fragte man mich, welches das köstlichste Gut der Erde sei, wäre meine Antwort: der Weinstock.

Trinkst du und verübst du etwas nach einem unmäßigen Genuss, der Wein ist unschuldig, der Trinker nicht.

Cato Censorius, Marcus Porcius (234 - 149 v. Chr.) römischer Feldherr, Geschichtsschreiber, Schriftsteller und Staatsmann

Wenn der Wein geht in den Mann, bleibt die Weisheit in der Kanne.

Cats, Jacob (1577 - 1660) niederländischer Dichter und Politiker

Kompromisse sind für Beziehungen, nicht für Wein.

Caywood, Sir Robert Scott (n.d.) englischer Unternehmer

Sei mäßig im Trinken und bedenke, dass reichlich genossener Wein kein Geheimnis bewahrt.

Cervantes Saavedra, Miguel de (1547 - 1616) spanischer Schriftsteller und Staatsdiener

Das Wahrzeichen Frankreichs war der Hahn, heute ist es der Coq au Vin.

Cesbron, Gilbert (1913 - 1979) französischer Schriftsteller

Ein Kerl, der keinen Wein trinkt, wird nie glücklich sein. Warum die aus Angst nichts trinken? Um ihre Klarheit nicht zu verlieren, natürlich! Schließlich haben sie das Gefühl, dass ihre Klarheit zerbrechlich ist. Sie sind voller Komplexe. Sie denken, dass sie glücklich sind, im Grunde sind sie es aber nicht.

Dein Wein ist ein kleines Glück für die Seele.

Chabrol, Claude Henri Jean (1930 - 2010) französischer Filmregisseur, Drehbuchautor und Schauspieler

Ich trinke nur Champagner bei zwei Gelegenheiten: Wenn ich bin verliebt und wenn ich es nicht bin.

Chanel, Gabrielle (1883 - 1971) französische Modedesignerin und Unternehmerin

Whiskey. Nichts ist schwerer runterzuschlucken. In zivilisierten Ländern wird Wein getrunken

Chaplin, Charlie (1889 - 1977) britischer Schauspieler, Regisseur, Drehbuchautor, Komponist und Filmproduzent

Trinke Wein, da du nicht weißt, woher du gekommen bist; lebe glücklich, da du nicht weißt, wohin du gehen wirst.

Trinke Wein ... es ist das ewige Leben

An jedem Tag nehm' ich mir vor auf's Neue, dass ich das Trinken lasse und bereue; doch seit voll Rosenduft erschienen ist der holde Lenz – bereu' ich meine Reue.

Seit Mond und Venus ihre Bahnen gehen,
hat man was Bessres nicht als Wein gesehen.
Mich wundert's nur, dass einer Wein verkauft.
Was kann er Bessres denn dafür erstehen?

Die Guten seh'n im Wein nur edle Tugend, die Bösen nur Verbrechen, Trug und List. Wein ist der Spiegel unsres bunten Lebens, man sieht im Weine, was man selber ist.

Ich trinke nicht Wein, um bloß zu trinken,
Nicht zu schwelgen sitten- und glaubenslos;
Ich trinke, um höher mich zu beleben,
Mich aus mir und über mich zu erheben.

Vom Himmel reißt der Morgen das schwarze Tuch. Der Nacht, drum füll mit Magierwein den Krug, Saqi, und reib dir deine Augen wach. Glaub mir, du schläfst dereinst noch lang genug.

Die Guten seh'n im Wein nur edle Tugend,
Die Bösen nur Verbrechen, Trug und List.
Wein ist der Spiegel unsres bunten Lebens:
Man sieht im Weine, was man selber ist.

Willst Du, dass dein Leben stabil verläuft? Willst du frei von allen Sorgen leben? Bleibe keinen Moment ohne Wein.

Hier sitze ich mit einem Laib Brot, eine Flasche Wein und ein Versen-Buch unter dem Baum … Und du neben mir singend in der Wildnis, und die Wildnis wird zum Paradies.

Chayyām, Omar (1048 - 1131) persischer Mathematiker, Astronom, Astrologe, Philosoph und Dichter

In natürlichen Weinen kommen die besten und unterschiedlichen Terroirs zum Ausdruck.

Je weniger man den Wein berührt, desto besser wird er.

Chauvet, Jules (1907-1989) französischer Winzer, Chemiker, Weinberater und Autor

Der Tod ist ein kleiner Vogel, der jeden Tag kommt, um aus deinem Glas Wein zu trinken.

Chavée, Achille (1906 - 1969) belgischer Dichter

Der Weise erkennt einen Freund auch ohne Wein.

Chen Chao-Hsiu (n.d.) chinesische Autorin von Lebenshilfe-Büchern und Romanen

It's a smile, it's a kiss, it's a sip of wine ... it's summertime.

Chesney, Kenneth (1968) amerikanischer Country-Sänger und Songwriter

Ritual bedeutet immer etwas wegzuwerfen: unseren Mais oder Wein auf dem Altar unserer Götter.

Ideen sind etwas Gefährliches, aber am gefährlichsten für den, der keine hat, denn die erste Idee, die sich ihm präsentiert, wird so gefährlich wie ein Glas Wein für einen Abstinenzler.

Die einzige wirklich gefährliche und moralische Form des Trinkens besteht darin, Wein als Arznei zu trinken.

Wenn einer zu seinem Vergnügen Wein trinkt, so verschafft er sich etwas besonders Gutes, etwas, das er nicht zu jeder Tageszeit erwartet und nicht zu jeder Tageszeit begehrt, ausgenommen, er ist nicht ganz normal.

Es ist mir völlig gleichgültig, wohin das Wasser fließt, solange es nicht in den Wein läuft.

Trinke, wenn du glücklich bist, aber niemals, wenn du unglücklich bist.

Chesterton, Gilbert Keith (1874 - 1936) englischer Schriftsteller und Journalist

Der Wein von Clochemerle ist zugleich exquisit und verräterisch; es bezaubert zuerst die Nase, dann den Gaumen, zuletzt den ganzen Mann. Merken Sie sich, dass wenn es einen Mann betrunken macht, dies nicht böswillig geschieht. Es erzeugt eine bezaubernde Leichtigkeit, ein intellektuelles Funkeln, das den Trinker von den Zwängen und Konventionen befreit, die ihn in seinem täglichen Leben binden.

Es bedarf aller Art, um eine Welt und eine Kirche zu schaffen, um den Himmel und die Hölle zu bevölkern. Aber es war nicht zu leugnen, dass es fähige Vignerons brauchte, um einen solchen

Wein herzustellen, Männer, deren Geist keinesfalls von übermäßigen metaphysischen Sorgen abgelenkt waren.

Chevallier, Gabriel (1895 - 1969) französischer Journalist und Literat

Wein ist eine lebende Flüssigkeit. Sein Lebenszyklus umfasst Jugend, Reife, Alter und Tod. Wenn er nicht mit hinreichendem Respekt behandelt wird, dann erkrankt er und stirbt.

Sie können keine gastronomische Kultur ohne Wein haben.

Wein ist eine lebendige Flüssigkeit ohne Konservierungsstoffe.

Child, Julia (1912 - 2004) amerikanische Köchin und Kochbuchautorin

Beim Trinken rede nicht viel, du wirst es bereuen.

Chilon von Sparta (6. Jahrhundert v. Chr.) spartanischer Verfassungsreformer

Liebe bedeutet den gleichen Wein zu trinken, aber jeder aus seiner eigenen Tasse.

Chouaki, Aziz (1951 - 2019) algerischer Autor

Der Säufer wie ein leeres Fass sich füllt, der Trinker seines Leibes Dürsten stillt, der Zecher trinkt das Herz von Sorgen rein, dem Weisen ist Gedankenfreund der Wein.

Christoffel, Karl (1895 - 1986) deutscher Historiker, Schriftsteller, Lyriker und Politiker

Franklin Roosevelt kennenzulernen war wie das Öffnen der ersten Flasche Champagner; ihn zu kennen war wie ihr Genuss.

Denken Sie daran, meine Herren, es ist nicht nur Frankreich wofür wir kämpfen, es ist für den Champagne.

Wenn es um Wein geht, bin ich ein einfacher Liebhaber, denn ich bin immer mit dem Besten zufrieden.

Madame, ich bin vielleicht betrunken, aber Sie sind hässlich, und morgen werde ich nüchtern sein.

Das erste Qualitätsmerkmal eines großen Weins ist, er soll rot sein.

Champagner ist der Wein der Zivilisation … das Öl der Regierung.

Churchill, Sir Winston Leonard Spencer (1874 - 1965) britischer Politiker und Premierminister

Fermentierung ist gleich Zivilisation.

Ciardi, John Anthony (1916 - 1986) amerikanischer Dichter, Übersetzer, Etymologe und Hochschullehrer

Zu hohes Alter gibt dem Wein nicht die verlangte Zartheit, auch wird er der Gesundheit unverträglich.

Zwischen Becher und Gaumen ist ein großer Raum.

Die älteste Freundschaft muss uns wie die Weine die Jahre zählen, die lieblichste sein.

Männer sind wie Weine: Mit der Zeit werden die Guten besser und die Schlechten bitter.

Wie nämlich nicht jeder Wein, so wird nicht jeder durch hohes Alter sauer.

Der Weise darf die Freuden nicht ignorieren: dass er die Frau liebt und den Wein zu schätzen weiß.

Der Wein hat mehr dazu beigetragen, die Menschen Gott anzunähern als die Theologie. Seit langem haben die traurigen Trunkenbolde – gibt es denn überhaupt andere? – die Eremiten übertroffen.

Cicero, Marcus Tullius (106 - 43 v. Chr.) römischer Politiker, Anwalt, Schriftsteller und Philosoph

Die Tränen der Bereuenden ist der Wein der Engel.

Clairvaux, der Heilige Bernhard von (1090 - 1153) französischer Abt, Kreuzzugsprediger und Mystiker

Der Wein ist der Lehrmeister des guten Geschmacks. Und da er zu einer inneren Aufmerksamkeit erzieht, ist er der Befreier des Geistes und der Erleuchter des Verstandes. Und schließlich ist der Wein Symbol und Mittel einer sozialen Verbrüderung. Zwischen den Gästen wird der Tisch zu einer Plattform der Gemeinschaft, und der Becher, der die Runde macht, erfüllt uns mit Nachsicht und Sympathie für unseren Nachbarn.

Der Wein ist der Sohn der Erde und Sonne, aber auch die Arbeit eines Geburtshelfers weiß er zu vollbringen.

Ein großer Wein ist nicht das Werk eines einzelnen Menschen, sondern das Ergebnis einer beständigen und edlen Tradition. In einer alten Flasche steckt mehr als tausend Jahre Geschichte.

Meine Herren, in dem kurzen Moment, der uns bleibt zwischen der Krise und der Katastrophe, können wir auch ein Glas Champagner trinken.

Wein schafft eine dreifache Verbindung: eine Gemeinschaft mit dem Land, aus dem er entstanden ist, eine Gemeinschaft mit sich selbst, wenn man es probiert, Gemeinschaft mit anderen, wenn wir darüber reden ...

Noch berauschender als Wein ist, eine schöne Frau zu sein.

Claudel, Paul (1868 - 1955) französischer Schriftsteller, Dichter und Diplomat

Der Dichter soll nicht ewig Wein,
nicht ewig Amor necken.
Die Barden müssen Männer sein
und weise sein, nicht Gecken.

Geburtstag, sei mir willkommen. Und fröhlich will ich an dir sein, das hab' ich mir recht vorgenommen, und trinken Wein und trinken Wein und singen Lieder. Aber Geburtstag, komm doch noch wieder.

Und wüssten wir, wo jemand traurig läge, wir gäben ihm den Wein.

Claudius, Matthias (1740 - 1815) deutscher Dichter, Journalist und Lyriker

Wein ist ein soziales Schmiermittel.

Clavel, Jean (1934) französischer Winzer und Autor

Zu viel von allem ist schlecht, aber zu viel Champagner ist genau richtig.

Champagner ist wohl die glückhafteste Inspirationsquelle.

Die Deutschen lieben Rheinwein. Er wird in schlanke Flaschen gefüllt und für ein gutes Getränk gehalten. Von Essig unterscheidet er sich durch das Etikett.

Hochstehende und feine Literatur ist wie Wein, und meine ist wie Wasser; aber alle lieben Wasser.

Der beste Weg, um gesund zu bleiben, ist zu essen, was Sie nicht essen möchten, zu trinken, was Sie nicht trinken möchten, und Dinge zu tun, die Sie nicht gerne tun möchten.

Clemens, Samuel Langhorne (Mark Twain) (1835 - 1910) amerikanischer Schriftsteller

Ich werde keinen Wein trinken bevor es Zeit dafür ist. Okay, es ist Zeit dafür.

Coben, Harlan (1962) amerikanischer Autor

Wein – das offizielle Getränk emotional verwirrter Frauen mit einem kleinen Budget.

Cocks, Heather (n.d.) britisch-amerikanische Schriftstellerin

Hinter jedem unserer bedeutenden Kunstwerke gibt es ein Haus, eine Lampe, eine Suppe, Feuer, Wein, Pfeifen.

Ein halbleeres Glas Wein ist zwar zugleich ein halbvolles, aber eine halbe Lüge mitnichten eine halbe Wahrheit.

Cocteau, Jean (1889 - 1963) französischer Schriftsteller, Regisseur und Maler

Akzeptiere einfach, was das Leben dir bietet, und versuche aus jeder Tasse zu trinken. Alle Weine sollten probiert werden; einige sollten nur genippt werden, und bei anderen trinke die ganze Flasche.

Coelho, Paulo (1947) brasilianischer Schriftsteller

Es wurde mir bewusst, wie flüchtig ein Gefühl von Glück sein könnte und wie zerbrechlich die Basis dafür wäre: aus dem Regen raus ein Restaurant betreten, der Geruch von Essen und Wein, eine gute Unterhaltung, das Abendlicht, dass die Tische schwach beleuchtete.

Cole, Teju (1975) nigerianisch-amerikanischer Schriftsteller, Fotograf und Kunsthistoriker

Wasser ist für den Durst. Der Wein ist nach je nach seiner Qualität und seinem Terroir eine notwendige Bestätigung, ein Luxus, die Krönung des Essens.

Es ist gut, Freundschaften wie Weine zu behandeln und mit Mischungen aufzupassen.

Halten Sie Neulinge nicht vom Wissen und dem Vergnügen des Weines ab, indem Sie ein Vokabular verwenden, das nur für Insider bestimmt ist: Sprechen Sie einfach über Ihre Weine.

Wenn mein Sohn später heiraten wird, werde ich sagen: Hüte dich vor Mädchen, die Wein, Trüffel, Käse und Musik nicht mögen.

Colette, Sidonie-Gabrielle Claudine (1873 - 1954) französische Schriftstellerin, Varietékünstlerin und Journalistin

Alter ist irrelevant, es sei denn, du bist eine Flasche Wein.

Collins, Joan Henrietta, DBE (1933) britische Schauspielerin, Fotomodell und Autorin

Macht wird die besten Herzen betäuben sowie Wein die stärksten Köpfe. Kein Mensch ist weise oder gut genug, um mit unbegrenzter Macht vertraut zu werden.

Colton, Charles Caleb (1777 - 1832) englischer Kleriker und Schriftsteller

Es ist eine rührselige und unanständige Wahrheit, die durch die Kraft des Weines hervortritt.

Conrad, Joseph (1857 - 1924) polnisch-britischer Schriftsteller

Sei streng für deinen eigenen Wein, wegen der Freude, die du anderen machen möchtest, und sei nachsichtig für den Wein anderer, denn es ist ein Freund, der ihn dir schenkt.

Constantin-Weyer, Maurice (1881 - 1964) französischer Schriftsteller

Wein regt den Appetit an und verleiht dem Essen Geschmack. Er fördert die Diskussion, Euphorie und kann aus einer einfachen Mahlzeit ein unvergessliches Ereignis machen.

Cooper, Derek Macdonald (1927 - 2014) britischer Journalist und Moderator

Viele Menschen mögen einen trockenen Wein, aber ich präferiere einen Feuchten.

Meine Sherry-Diät funktioniert – ich habe schon drei Tage verloren.

Cooper, Tommy (1921 - 1984) englischer Komiker und Zauberkünstler

Wein trinken ist einfach einen Teil des Lebens, wie auch Essen.

Coppola, Francis Ford (1939) amerikanischer Regisseur und Produzent

Was ist schlimmer als ein Mann der sagt, „wir sind schwanger", während er sich noch ein Glas Rotwein einschenkt und seine Frau erneut ein Glas biologischen Apfelsaft runterschluckt.

Cornelisse, Paulien (1976) niederländische Schriftstellerin, Kabarettistin und Moderatorin

Iss nach Belieben Brot, trinke Wein nach Maß.

Cotgrave, Randle (… - 1634) britischer Romanist und Lexikograf

Guter Wein ist das Abbild des Mannes. Er ist turbulent in seiner Jugend, stark und männlich in seinem reifen Alter, und wenn er sehr alt ist, wenn er nur noch ein Schatten seiner selbst ist, hat er immer noch den zurückgebliebenen Duft seiner früheren Qualitäten.

Coquet, James de (1898 – 1988) französischer Gastronomie-kritiker

Akzeptiere, was dir das Leben bietet, und versuche, aus jedem Glas zu trinken. Alle Weine sollten gekostet werden; von einigen sollte man nur nippen, aber von anderen die ganze Flasche trinken.

Coelho, Paulo (1947) brasilianischer Schriftsteller

Es ist besser, zu viel von einem guten Wein zu trinken, als ein nur bisschen von einem schlechten sowie körperliche Liebe mit zwei schönen Mädchen zu üben statt mit einer alten abgelebten Frau.

Courteline, Georges (1858 - 1929) französischer Romancier und Dramatiker

Warum ich Champagner zum Frühstück trinke? Tut das nicht jeder?

Coward, Sir Noël Pierce (1899 - 1973) britischer Schauspieler, Schriftsteller und Komponist

Ich mag meinen Kaffee schwarz, mein Bier aus Deutschland, Wein aus Burgund, je dunkler, desto besser.

Crooker, Barbara (1945) amerikanische Autorin

Seine Lippen trinken Wasser, aber sein Herz trinkt Wein.

Cummings, Edward Estlin (1894 - 1962) amerikanischer Dichter und Schriftsteller

Woran mag es liegen, dass zu den teuersten Weinen so oft die billigsten Witze erzählt werden?

Es gibt fatal viel gute Weine, die haben als Most nie gegärt.

Cybinski, Nikolaus (1936) deutscher Lehrer, Autor und Aphoristiker

D wie Dunkelfelder

Setze Rosenpflanzen auf Rebstöcke, und es wird ein natürlicher Roséwein hergestellt.

Wenn die Wahrheit im Wein steckt, bleibt ein Rest übrig.

Dac, Pierre (1893 - 1975) französischer Schauspieler

Die Griechen haben den Trick, einen Wein von schlechter Qualität durch das Hinzufügen von Kiefernharz zu verschleiern, mit der Vorstellung, dass der Geschmack des Harzes nicht ganz so schlimm ist wie der Geschmack des Weins. Wir haben Retsina getrunken, weil es nichts anderes gab.

Dahl, Roald (1916 – 1990) britischer Schriftsteller

Wer genießen kann, trinkt keinen Wein mehr, sondern kostet Geheimnisse.

Dalí i Domènech, Salvador Felipe Jacinto (1904 - 1989) spanischer Maler, Grafiker, Schriftsteller, Bildhauer und Bühnenbildner

Das Wunder mit den Reben ist einer der Hauptkulturmerkmale Frankreichs.

Daninos, Pierre (1913 - 2005) französischer Journalist und Schriftsteller

Simone brachte mir ein Glas Cuvee Elisabeth Salmon Rosé Champagner. Ich schloss meine Augen: Pfirsiche, Mandeln, Marzipan, Rosenblätter und ein Hauch Schießpulver, und ich fing ein neues Jahr in New York an.

Danler, Stephanie (n.d.) amerikanische Schriftstellerin

Wir haben die beste Küche, die besten Weine, den besten Beischlaf der Schöpfung, und das reicht um den Unterschied zu machen.

Dard, Frédéric Charles Antoine (1921 - 2000) französischer Schriftsteller

Reicht heitre Griechensonne mir im Becher.
Der Trank ist stark: ihr Gastlichen habt Dank.
Zu euch gehört der Fremdling bald als Zecher.

Des Weines Heimat feiern wir mit Sang.
Sein Gott war kühn und ein beherzter Sprecher:
Von Freiheit kündet uns der tolle Schwank.

Däubler, Theodor Adolph Johannes Eduard (1876 - 1934) österreichisch-deutscher Schriftsteller, Lyriker und Kunstkritiker

Sie sehen, meine Kinder, wenn der Weizen reif ist, muss er geschnitten werden. Wenn der Wein abgefüllt ist, muss er getrunken werden

Daudet, Alphonse (1840 - 1897) französischer Schriftsteller

Lyon ist eine Stadt mit drei großen Flüssen: der Rhone, der Saône und dem Beaujolais.

Daudet, Léon (1867 - 1942) französischer Schriftsteller

Traue niemals, niemals jemanden, der nach Weißwein verlangt. Es bedeutet, dass sie Schwindler sind.

Es gibt Zeiten im Leben einer Frau, in der das einzige, was noch hilft, Champagner ist.

Davis, Betty (1945) amerikanische Sängerin

Wein macht einen armen Mann reich an Vorstellungskraft, einen reichen Mann arm an Wirklichkeit.

Day, Edward Parsons (1822 – 1906) amerikanischer Schriftsteller

Ich möchte Weintrinker sein, mit Kumpanen abends vor der Sonne sitzen und von Dingen reden, die wir gleich verstehen.

Degenhardt, Franz Josef (1931 - 2011) deutscher Rechtsanwalt, Liedermacher und Schriftsteller

Es gibt eine Kultur des Weines, in der sich Männer besser kennenlernen könnten, damit sie sich weniger bekriegen.

Delaunay, Gabriel (1907 - 1998) französischer Offizier

Ich will einen Wein zum Zechen.

Depardieu, Gérard Xavier Marcel (1948) russisch-französischer Schauspieler

Der Himmel schuf das Wasser für Jean zum Weinen,und schuf den Wein für Jean zum Lachen.

Désaugiers, Marc-Antoine Madeleine (1772 - 1827) französischer Komponist und Dramatiker

Auf Reisen schaue ich mir die Weinkarte an, um Staus zu vermeiden.

Devos, Raymond (1922 - 2006) französischer Komiker

Bier und Wein müssen Charakter haben, da es bei den meisten Trinkern fehlt.

Dewilde, Bert (1925) belgischer Lehrer und Autor

Liebe ist stärker als Wein – ein Tropfen kann dich ein Leben lang berauschen.

Wein musste zuerst Trauben sein. Diamanten mussten zuerst Steine sein. Schmetterling mussten zuerst Raupen sein. Regenbögen mussten zuerst Stürme sein.

Wenn man Glück kaufen könnte, dann würden die Reichen ihre Trauer nicht mit teurem Wein ertrinken.

Bier ist das Getränk eines Mannes. Wasser ist Gottes Getränk. Wein ist jedermanns Getränk. Whiskey ist die Suppe des Teufels.

Dhliwayo, Matshona (n.d.) kanadischer Philosoph, Unternehmer und Schriftsteller

Fächern Sie die sinkende Flamme der Heiterkeit mit dem Flügel der Freundschaft auf … und geben Sie den Roséwein weiter.

Champagner ist eine der eleganten Extras im Leben.

Dickens, Charles John Huffam (1812 - 1870) englischer Schriftsteller

Wozu, in Teufels Namen, soll man denn sein Geld verwenden, als auf einen guten Tisch, gute Gesellschaft, gute Weine, schöne Weiber, Vergnügen von allen Farben, Unterhaltungen aller Art?

Diderot, Denis (1713 - 1784) französischer Philosoph und Schriftsteller

Champagner gibt Dir das Gefühl, dass jeder Tag ein Sonntag ist.

Dietrich, Marlene (1901 - 1992) deutsche Schauspielerin und Sängerin

Eine Rebe trägt drei Trauben, die erste der Lust, die zweite der Trunkenheit und die dritte der Reue.

Was ich am liebsten trinke, ist Wein, der anderen gehört.

Diogenes von Sinope (413 - 323 v. Chr.) griechischer Philosoph

Ein kleines Glas Elsässer Wein ist wie ein leichtes Sommerkleid, eine Frühlingsblume, es ist ein Sonnenstrahl, der das Leben aufhellt.

Dior, Christian (1905 - 1957) französischer Modeschöpfer

Ich mag eher schlechten Wein – man langweilt sich so mit guten Weinen.

Disraeli, Benjamin (1804 - 1881) britischer Staatsmann und Schriftsteller

Gelegentlich trinke ich ein Glas Rotwein. Ich betrachte es nicht als alkoholisches Getränk. Ich betrachte es als ein heiliges Getränk, etwas, das auch als Heilmittel verwendet werden kann.

Doković, Novak (1987) serbischer Tennisspieler

Und die verlierbaren Lebenden und die unverlierbaren Toten dir das Brot brechen und den Wein reichen – und du ihre Stimmen wieder hörst ganz nahe an deinem Herzen.

Domin, Hilde (1909 - 2006) deutsche Schriftstellerin und Lyrikerin

In vino wer wie was.

Donat, Gerrit (1978) deutscher Autor und Werbetexter

Einer meiner Brüder war so dünn, dass man ihn für ein Thermometer nahm, als er ein Glas Rotwein trank.

Doris, Pierre (1919 – 2009) französischer Schauspieler und Humorist

Manche meinen, Glühwein sei der Name einer Rebsorte, die am Fuße des Ätna wächst.

Manche Leute, denen das Wasser bis zum Hals steht, ersäufen sich in Champagner.

Drews, Gerald (1954) deutscher Journalist, Autor und Aphoristiker

Der Wein der Liebe schenkt Wärme und Trunkenheit, ohne ihn gibt es nur eisigen Egoismus.

Dschāmi, Nūru'd-Dīn ʿAbdu'r-Raḥmān-i (1414 - 1492) persischer Mystiker und Dichter

Mein Weg ist voller Blütenblätter – ich habe ihn für keinen anderen gefegt.
Mein Tor war geschlossen – aber es öffnet sich jetzt für dich.
Es ist ein langer Weg zum Markt und ich kann dir wenig bieten – doch hier in meiner Hütte gibt es alten Wein für unsere Tassen.

Du Fu (712 – 770) chinesischer Dichter

Wein ist das Wahrzeichen der Zivilisation. Ich höre, dass wir während des Essens nur über Weine und Zaubertränke sprechen.

Duhamel, Georges (1884 - 1966) französischer Schriftsteller

Nichts lässt die Zukunft so rosarot erscheinen, wie sie durch ein Glas Chambertin zu betrachten.

Wein ist der intellektuelle Teil einer Mahlzeit. Fleisch und Gemüse sind nur der materielle Teil.

Ein Montrachet sollte auf den Knien und barfuß getrunken werden.

Dumas, Alexandre (1802 - 1870) französischer Schriftsteller

Gutes Frankreich, wenn ich mein volles Glas mit meinem feuerfarbenen Wein sehe, und ich denke, Gott dankend, bin ich froh, dass ich nicht in England bin.

Dupont, Pierre (1821 - 1870) französischer Schriftsteller und Lyriker

I probierte Takis neuen Weißwein. Spiridion! Was für ein Wein … wie das Blut eines Drachen und sanft wie ein Fisch …

Durrell, Gerald Malcolm (1925 - 1995) britischer Zoologe und Autor

Die Trunkenheit, die der schwere Rotwein herbeiführt, ist eine andere als die des Weißweins, nie eine bösartige, aggressive, sie äußert sich selten in Sprachhemmungen oder in unsicherem Gang. Im Gegenteil, die Trinker neigen zwar zur Akrobatik, steigen auf Stuhllehnen, klettern auf den Tisch, schwingen den Lüster hin und her, aber das wie im Übermut, denn vor allem ist ihre Fantasie beflügelt.

Dürrenmatt, Friedrich Reinhold (1921 - 1990) schweizer Schriftsteller, Dramatiker und Maler

Ich weiß, es gibt keine hässlichen Frauen, nur manchmal gibt es zu wenig Wein.

Dusza, Dariusz Janusz (1961) polnischer Musiker und Komponist

Verführung ist oft schwer von Vergewaltigung zu unterscheiden. In der Verführung bemüht sich der Vergewaltiger oft, noch eine Flasche Wein zu kaufen.

Dworkin, Andrea (1946 - 2005) amerikanische Feministin, Soziologin und Schriftstellerin

Die Wahrheit, die im Wein gefunden wird, wird eine Lüge im klaren Wasser.

Dypréau, Jean (1917-1986) belgischer Schriftsteller und Kunstkritiker

E wie Elbling Rot

Man trinkt nicht nur Wein, sondern man riecht, beobachtet, schmeckt, nippt ihn, und man spricht darüber.

Eduard VII. (1841 - 1910) König des Vereinigten Königreichs von Großbritannien

Hedonismus: langweiliger Sex und schlechter Wein aus verbrauchten Schläuchen

Egert, Andreas (1968) deutscher Journalist, Publizist und Aphoristiker

Der Rebstock ist die beste Krücke.

Eilers, Alexander(1976) deutscher Aphoristiker

Viel Essen macht viel breiter und hilft zum Himmel nicht. Es kracht die Himmelsleiter, kommt so ein schwerer Wicht. Das Trinken ist gescheiter, das schmeckt schon nach Idee. Da braucht man keine Leiter, das gleich geht in die Höh.

Eichendorff, Joseph Karl Benedikt Freiherr von (1788 - 1857) schlesischer Lyriker und Schriftsteller

Nach unzähligen Gläsern wurde der Premier Cru.

Elburg, Joannes Gommert (1919 - 1992) niederländischer Dichter

Schicken Sie mit Boten wenigstens drei Antal, die ich hier nirgends besorgen kann, wo ich doch ohne den Wein nicht sein kann, wie auch Sie wissen.

Elisabeth, Jelisaweta Petrowna Romanowa (1709 - 1761) russische Kaiserin

Gib mir Wein, um mich zu reinigen von den Wetterflecken der Sorgen.

Ein Mann wird redegewandt, wenn du ihm einen guten Wein gibst.

Der torpide Künstler sucht Inspiration um jeden Preis, durch Tugend oder Laster, durch Freund oder Feind, durch Gebet oder durch Wein.

Emerson, Ralph Waldo (1803 - 1882) amerikanischer Philosoph und Schriftsteller

Sie wohnt auf einem Berg aus Wein,
sie ahnt es aber nicht,
drum frisst sie Blätter, groß und klein,
sie ist wohl nicht ganz dicht.
In der Weihnachtszeit macht man aus Glühwein Kohle.

Ender, Klaus (1939) deutscher Fotograf und Autor

Meine Idee vom absoluten Glück ist ein Chateau Margaux 1848.

Engels, Friedrich (1820 - 1895) deutscher Philosoph, Historiker, Journalist und Revolutionär

Sie reichten Weine mir und Bier und Schnäpse und dergleichen – dabei könn'n diese Leute mir nicht mal das Wasser reichen.

Erhardt, Heinz (1909 - 1979) deutsch-baltischer Komiker, Musiker, Kabarettist, Schauspieler und Dichter

Drei Reben trägt der Weinstock: Die eine bringt die Lust, die andere den Rausch, die dritte die Freveltat.

Es verrät geistige Armut, sich dauernd mit dem Körper zu beschäftigen, zum Beispiel zu viel Sport zu betreiben, zu viel zu essen, zu viel zu trinken, zu oft seine Notdurft zu verrichten und seinem Sexualtrieb freien Lauf zu lassen.

Epiktet (50 - um 138) griechischer Philosoph

Drei Becher bereite ich für die Maßvollen: einen auf die Gesundheit, welcher zuerst geleert wird, den zweiten auf die Liebe und die Lust, den dritten auf den Schlaf. Nach diesem Becher geht der weise Gast nach Hause. Der vierte Becher ist nicht länger der unsere, sondern gehört dem Übermut; der fünfte dem Aufruhr, der sechste dem trunkenen Überschwang, der siebte der Gewalt, der achte gehört dem Gesetzeshüter, der neunte dem Zorn und der zehnte der Raserei und dem Demolieren der Möbel.

Eubulos (um 405 - 335 v. Chr.) griechischer Politiker

Der Semele Spross, erfand – an Wert ihr gleich – der Rebe feuchten Trank, führt' ein ihn beiden Menschen, der die armen Sterblichen befreit vom Leid, wenn sie sich laben an des Weinstocks Saft, schlaf ihnen schenkt, Vergessen aller Mühn des Tags.

Beim Wein, da werden alle Geister wach, da schließen sich der Frauen Reize voller auf, Umarmungen, Drücke, Küsse folgen, und ich weiß nicht, was ...

Ich trinke mich weinsatt, ich verschlinge ein üppiges Festmahl und befrachtet wie ein Lastschiff, bis zur Gurgel steht der Leib mir.

Wenn der Wein nicht wäre, müsste aus der Menschenwelt jede Liebeslust und jede Freude schwinden.

Wo der Wein fehlt, da stirbt der Reiz der Venus, da ist der Himmel der Menschen wüst und freudlos.

Sei fröhlich. Trink den Wein. Genieße diesen Tag. Denn alles andere ruht im Schoße des Geschicks.

Rasend dünkt mich, wer am Wein nicht Freude hat.

Wo aber der Wein fehlt, stirbt der Reiz des Lebens.

Sei bei mir, in Maßen zwar, doch verlasse mich nicht.

Wein ist ein gefährlicher Feind und schwierig zu bekämpfen.

Ohne Wein gibt es keine Liebe.

Euripides (485 - 406 v. Chr.) griechischer Dramatiker

Du hast nur so viele Flaschen in deinem Leben, trink niemals eine schlechte.

Evans, Leonard Paul (1930 - 2006) australischer Veranstalter, Richter und Autor

Humor haben, wenig schlafen, ein Ziel haben und nicht zu wenig Champagner.

Everding, August (1928 - 1999) deutscher Regisseur, Kulturpolitiker und Intendant

Einem Jüngling ist nichts schädlicher denn die Nacht, eine Frau und der Wein.

Eyb, Albrecht von (1420 - 1475) deutscher Jurist, Schriftsteller und Übersetzer

Fein, fein schmeckt uns der Wein, wenn man zwanzig ist, und auch die Liebe. Fein, fein schmeckt uns der Wein, wenn man dreißig ist, und auch die Liebe, wenn man vierzig ist, man noch gerne küsst, besonders, wenn man einst sparsam gewesen ist. Doch wenn man älter wird, ein wenig kälter wird, bleibt allein nur der Wein.

Eysler, Edmund Samuel (1874 - 1949) österreichischer Komponist

F wie Freisamer

Eine Flasche Wein bittet, um geteilt zu werden. Ich habe noch nie einen geizigen Weinliebhaber getroffen.

Wenn Essen der Körper eines guten Lebens ist, ist Wein die Seele.

Wein in den Mund zu nehmen, bedeutet, einen Tropfen des Flusses der Menschheitsgeschichte zu genießen.

Fadiman, Clifton (1904 - 1999) amerikanischer Schriftsteller, Journalist, Radio- und Fernseh-Entertainer

Es gibt vier alte Dinge die gut sind: alte Freunde, um zu reden; altes Brennholz zum Aufwärmen; alte Weine, zum Trinken; und alte Bücher zum Lesen.

Faguet, Émile (1847 - 1916) französischer Literaturkritiker und Schriftsteller

Im Wein liegt die Wahrheit – der Schwindel liegt in der Etikette.

Farkas, Karl (1893 - 1971) österreichischer Schauspieler und Kabarettist

Es ist besser vom Trinken zu sterben, als an Durst zu sterben.

Fante, John (1909 - 1983) amerikanischer Schriftsteller

Die Ähre gibt den Saft, die Lüfte geben Kraft, die Sonne gibt den Geist: gar schön der Wein beweist, was er empfing für Leben, weil er‘s kann wiedergeben.

Fechner, Gustav Theodor (1801 - 1887) deutscher Physiker, Psychologe und Philosoph

Ein guter Wein ist wie ein guter Film: Es dauert nur einen Augenblick, hinterlässt einen Geschmack von Herrlichkeit und wie der Film wird er mit jedem Schluck neu geboren.

Fellini, Federico (1920 - 1993) italienischer Filmemacher

Das wichtigste Loch ist das 19., das Clubhaus. Bei einem Krügel Bier oder einer Flasche Wein werden Geschäfte angebahnt oder auch abgeschlossen.

Feigl, Peter (1951) österreichischer Tennisspieler

Eines Frommen Herkommen und eines guten Weines Heimat muss man nicht so gar genau nachfragen.

Ferdinand I. (1503 - 1564) Kaiser des Heiligen Römischen Reiches

Das schlechteste Geschenk, was mir gemacht wurde, war, als ich an Weihnachten aus der Reha kam. Eine Flasche Wein. Es war köstlich.

Ferguson, Craig (1962) britisch-US-amerikanischer Moderator, Komiker, Filmregisseur und Schriftsteller

Das Leben muss wie ein kostbarer Wein mit gehörigen Unterbrechungen Schluck für Schluck genossen werden. Auch der beste Wein verliert für uns allen Reiz, wenn wir ihn wie Wasser hinunterschütten.

Feuerbach, Ludwig (1804 - 1872) deutscher Philosoph
Noten sind der Rotwein, Musik der Rausch

Noten sind der Rotwein, Musik der Rausch

Fey, Manuel (1970) deutscher Ingenieur und Musiker

Wein – es sollte zum Wohle der Seele genossen werden – und sonst nichts.

Fiduccia, Peter (n.d.) amerikanischer Autor

Wein ist ein Verräter. Erst ist er unser Freund, dann unser Feind.

Fielding, Henry (1707 - 1754) englischer Richter und Autor

Einmal verlor ich in der Wildnis Afghanistans meinen Korkenzieher und wir mussten tagelang nur von Essen und Wasser leben.

Nach einem Rausch: Ich fühle mich, als wäre ein Zwerg mit dreckigen Füßen die ganze Nacht auf meiner Zunge herumgelaufen.

Ich koche mit Wein, und manchmal füge ich es sogar zum Essen hinzu.

Fields, William Claude (1880 - 1946) amerikanischer Schauspieler, Komiker und Autor

Wenn Bacchus jemals eine Farbe für sich hätte beanspruchen können, wäre es sicherlich wie der Schatten von Tannin auf den betrunkenen Lippen von John Keats‘ lila gefärbtem Mund gewesen, oder sogar von Homers gefährlichen dunklen weinroten Meer

Finlay, Victoria (1964) britische Schriftstellerin und Journalistin

Der liebste Buhle, den ich han, der liegt beim Wirt im Keller. Er hat ein hölzern Röcklin an, und heißt der Muskateller.

Fischart, Johann Baptist Friedrich (1546 - 1591) deutscher Schriftsteller

Ich glaube, es geht nicht ums Geld. Ich glaube, es geht viel um Selbstverwirklichung. Ein Weingut ist ein Gesamtkunstwerk, an dem man nie aufhört zu arbeiten.

Grund und Boden, das hat schon etwas. Im Weingarten siehst du etwas wachsen und reifen, das ist ein Zyklus, der dem menschlichen Dasein sehr entgegenkommt.

Fischer, Christian (1960) österreichischer Winzer

Wie man zum Weinkenner wird? Trinken, lesen, trinken, lesen. Sie dürfen allerdings nur so viel trinken, dass sie noch lesen können.

Fischer, Joseph Martin (1948) deutscher Politiker

Der Weinbecher ist der kleine Silberbrunnen in dem die Wahrheit liegt, sofern sie existiert.

FitzGerald, Edward (1809 - 1883) britischer Schriftsteller und Übersetzer

Weinkenner ist noch niemand nach dem ersten Besäufnis.

Nach jeder Weinprobe stellt der Wein uns auf die Probe.

Wein kann man nur begrenzte Zeit mit Verstand trinken.

Fitzthum, Germund (1938) österreichischer Schriftsteller und Aphoristiker

Wein: Diskussionsthema, seine Eigenschaften – Bordeaux ist der beste, da ihn schließlich die Ärzte verordnen – je schlechter er schmeckt, desto natürlicher ist er.

Champagner kennzeichnet das gehobene Dinner. Den Anschein erwecken, als verabscheue man ihn, und sagen „Das ist kein Wein“, bringt die kleinen Leute in Stimmung. In Russland wird mehr davon getrunken als in Frankreich.

Es gibt ein Lebensalter, da man unbestimmt lächelt, als sei die Luft erfüllt von Küssen; das Herz ist ganz geschwellt von einem Dufthauch, heiß pocht das Blut in den Adern, es perlt wie schäumender Wein in kristallenem Becher.

Flaubert, Gustave (1821 - 1880) französischer Schriftsteller

Es ist traurig, guten Wein im Keller zu haben und in der Stube keine Gäste.

Fleischer, Stefan (1938) schweizer Autor

Wenn Penicillin Kranke heilen kann, dann kann spanischer Sherry Tote ins Leben zurückbringen.

Das Penicillin macht die Menschen gesund, doch guter Wein (in Maßen) macht sie glücklich.

Fleming, Sir Alexander (1881 - 1955) schottischer Mediziner und Bakteriologe

Wenn man älter wird, so lernt man eben einsehen, dass man von einem Menschen nicht alles verlangen kann und dass man zufrieden sein muss, wenn ein Weinstock Trauben trägt.

Wenn man die Wahl hat zwischen Austern und Champagner, so pflegt man sich in der Regel für beides zu entscheiden.

Fontane, Heinrich Theodor (1819 - 1898) deutscher Schriftsteller

Wo's mir in Österreich am besten gefällt? Es ist überall schön, aber Niederösterreich ist am vielfältigsten – und es gibt immer einen guten Wein.

Forcher, Sepp (1930) österreichischer Radio- und Fernsehmoderator

Essen ohne Wein ist ein Frühstück.

Seit einem Monat mache ich eine Diät: keine Kohlhydrate, kein fettes Fleisch und keinen Wein. Ich habe bereits 30 Tage verloren.

Der Rotwein von heute ist das Essig von morgen.

Das Wetter: Winzers größter Freund und Feind zugleich.

Die guten Weine werden immer teurer, die schlechten bleiben schlecht.

Wenn ein Glas Wein pro Tag gut für uns ist, was bewirkt denn eine Flasche?

In vino veritas, im Wein liegt die Wahrheit – bedauerlicherweise stehen die einzelnen Inhalte nicht auf dem Etikett.

Besser ein Glas in der Hand als die Magnumflasche im Schrank.

Liebe oder Weisheit ist wie ein guter Wein. Es wird nur geschätzt, wenn es geteilt wird.

Mit Meditation und Yoga sollen Körper, Geist und Seele langsam im Einklang gebracht werden. Mit Wein geht das viel schneller.

Wer hat gesagt, dass der erste Kuss und das erste Glas Wein die besten waren? Für mich waren es immer die gerade aktuellen.

Wir sollten alle an etwas glauben. Ich glaube, ich trinke noch ein Glas Wein.

Forschelen, Bert (1961) niederländischer Hochschullehrer, Autor und Jungwinzer

Sie reisten dreizehn Stunden bergab, während die Bäche breiter wurden und die Berge schrumpften und sich die Vegetation veränderte, und die Menschen hörten auf, hässlich zu sein und Bier zu trinken, und begannen, stattdessen Wein zu trinken und schön zu sein.

Forster, Edward Morgan (1879 - 1970) englischer Erzähler

Der Wein hat die Aufgabe, den Menschen zum Gespräch zu führen.

Forster, Zdenko Johann Emanuel Ernst von (1860 - 1922) bömisch-österreichischer Politiker

Ich bin wie Wein und werde im Alter immer besser.

Foster, Gregory (1958) amerikanischer Leichtathlet

Es ist dieser zweite Korken, der im Flaschenhals stecken bleiben sollte. Eine Flasche kann man einfach entkorken, aber zwei Flaschen Wein für zwei Personen sind eine zu viel. Die Franzosen haben gewusst, warum sie die Flaschen so verschlossen. Zweiundeinhalb Gläser waren genug Wein für zwei Personen zum Abendessen. Aber so lief es nicht bei uns.

Frank, Dorothea Olivia Benton (1951 - 2019) amerikanische Schriftstellerin

Wenn eine Frau dem Mann reinen Wein einschenkt, dann ist es bestimmt eine Spätlese.

Frankenfeld, Peter (1913 - 1979) deutscher Schauspieler, Sänger und Entertainer

Die Wahrheit ist für viele Tröpfe wie starker Wein für schwache Köpfe; drum wässert sie so mancher Schlucker und gibt dazu noch – etwas Zucker.

Frankl, Adolf (1903 - 1983) österreichischer Maler und Zeichner

Im Wein gibt es Weisheit, im Bier gibt es Freiheit, im Wasser gibt es Bakterien.

Wein ist der Beweis, dass Gott uns liebt und er will, dass wir glücklich sind.

Wein macht das tägliche Leben leichter, weniger hastig, weniger angespannt und toleranter.

Schone niemals den Wein des Pfarrers oder den Pudding des Bäckers.

Franklin, Benjamin (1706 - 1790) amerikanischer Drucker, Schriftsteller, Naturwissenschaftler, Erfinder und Staatsmann

Das ist die Kirche, der Weinberg des Herrn, die fruchtbare Mutter und sich sorgende Lehrerin, die keine Angst hat, die Ärmel hochzukrempeln und das Öl und den Wein über die Wunden der Menschen auszugießen.

Franziskus (1936) argentinischer Chemietechniker, Philosoph und Theologe

Krimi-Schreiben ist wie für einen Antialkoholiker die Entdeckung des Weins.

Franzobel (1967) österreichischer Schriftsteller

Verboten Wasser ist süßer als offen Wein.

Freidank (um 1170 - um 1233) fahrender Kleriker

Alles ist relativ. Eine Flasche im Weinkeller ist zu wenig. Eine Flasche im Vorstand ist zu viel.

Wer die Rebe baut und im Weinberg haut, der soll essen und auch trinken edlen Wein und guten Schinken.

Der Wein enthüllt der Menschen Sinne, lässt Einblick in ihr Herz gewinnen. Denn im Wein liegt stets die Wahrheit und in dieser immer Klarheit.

Freundschaft, die der Wein gemacht, wirkt wie der Wein – meist eine Nacht.

Ist der Wein echt, wird sein Preis recht.

Der Herr gab uns das Leben und gab uns auch die Reben, dass wir sie sorgsam pflegen und auch die Trauben hegen, dass uns ihr edler Saft, der Wein, möge stets ein Tröster sein.

Eine Mahlzeit ohne Wein ist wie ein Tag ohne Sonnenschein.

Die Fässer rein und klar der Wein, so muss es sein, im Keller mein.

Fried, Franziska (1955) österreichische Schriftstellerin

Musik ist der Wein, der die Tasse der Stille füllt.

Fripp, Robert (1946) englischer Gitarrist und Komponist

Wein kann ein besserer Lehrer sein als Tinte, und Geplänkel ist oft besser als Bücher.

Fry, Stephen John (1957) britischer Schriftsteller, Schauspieler, Regisseur, Komiker und Fernsehmoderator

Als sich das Rotweinrot und das Weißweinweiß näher kamen, sah die Welt plötzlich ganz rosé aus.

Fuchs, Brigitte (1951) schweizer Autorin und Lyrikerin

Wein ist die Antwort der Erde an der Sonne.

Fuller, Sarah Margaret (1810 - 1850) amerikanische Schriftstellerin

Wein hat mehr Menschen ertränkt als das Meer.

Fuller, Thomas (1608 - 1661) englischer Historiker

Wir müssen verstehen, dass es nicht nur Wein ist – es ist Freundschaft …

Funès de Galarza, Louis (1914 -1983) französischer Schauspieler, Regisseur und Drehbuchautor

Ein guter Wein hält seine Predigt im Glas.

Fürst, Walter (1932) schweizer Aphoristiker

G wie Goldriesling

Milch trinke ich an dem Tag, an dem die Kühe Trauben fressen.

Gabin, Jean (1904 - 1976) französischer Schauspieler und Chansonnier

„Es gibt nur drei Dinge, und nur drei Dinge, die den Schmerz der Sterblichkeit lindern und die verheerende Wirkungen des Lebens erleichtern können“, sagte Spider, „und das sind Wein, Frauen und Gesang“.

Gaiman, Neil Richard (1960) britischer Autor

Wer zu trinken versteht, weiß auch zu leben.

Gaja, Angelo (1940) italienischer Winzer

Wir sind alle sterblich, bis zum ersten Kuss und das zweite Glas Wein.

Galeano, Eduardo Hughes (1940 - 2015) uruguayischer Journalist, Essayist und Schriftsteller

Wein ist die Krankenschwester des Alters.

Galenos von Pergamon (130 – 210) griechischer Arzt und Anatom

Jede leere Flasche ist voll mit Geschichten.

Wein ist Sonnenlicht gebunden durch Wasser.

Galilei, Galileo (1564 - 1642) italienischer Philosoph, Mathematiker, Ingenieur, Astronom und Kosmologe

Es ist lebensgefährlich, keinen Wein zu trinken.

Gansterer, Helmut (1946) österreichischer Journalist, Herausgeber und Autor

Winzer, füllt die Fässer.
Eimer, krumme Messer,
Butten sind bereit.
Lohn für Müh' und Plage
sind die frohen Tage
in der Lesezeit.
Unsre Mädchen singen,
und die Träger springen,
alles ist so froh;
bunte Bänder schweben
zwischen hohen Reben
auf dem Hut von Stroh.

Gaudenz, Johann Freiherr von (1762 - 1834) deutscher Poet

Gewiss ist Gott ein sehr gutes Kind, weil er den Menschen Wein gegeben hat. Wenn ich Gott gewesen wäre, hätte ich das Rezept für mich behalten.

Gautier, Théophile (1811 - 1872) französischer Schriftsteller

Wir haben nur einen Moment, bevor die Welt endet, bevor der Wein aufhört uns zu wärmen.

Gawliński, Robert (1963) polnischer Musiker

Wein lässt spontane Freundschaften entstehen.

Gay, John (1685 - 1732) englischer Schriftsteller

Das soll am Wein belobet sein: Er trinkt am besten sich zu zwei‘n.

Freude schweift in die Welt hinaus,
bricht jede Frucht und kostet jeden Wein;
riefe dich nicht das Leid nach Haus,
du kehrtest nimmer bei dir selber ein.

Lass mir die Knaben vom Feste,
denn sie haben noch nichts erlebt!
Das ist am Wein das Beste,
dass die Erinnerung darüber schwebt.

Wer mir Gelehrtheit brockt in den Wein, der soll mein Zechgenoß nicht sein.

Geibel, Emanuel (1815 - 1884) deutscher Lyriker und Dramatiker

Und Dichter sollen insgemein
Von Wahrheit, Liebe, Witz und Wein
Sehr gute Freunde und Kenner sein.

Gellert, Christian Fürchtegott (1715 - 1769) deutscher Dichter Schriftsteller und Moralphilosoph

Warm preist ihr mir den alten Wein. Wie meinen? Frag ich kalt. Was soll das sein: ein alter Wein? Bei mir wird Wein nicht alt. Bei mir ward manches alt und kalt: Kopf, Rücken, Herz und Bein. Es schwanden Schönheit und Gestalt. Beim Wein muss das nicht sein. Was immer auf der Flasche steht, ob alt, ob jung der Wein: mit etwas gutem Willen geht beim Reinen alles rein.

Gernhardt, Robert Johann Arthur (1937 - 2006) deutscher Schriftsteller

Das Alter hat auch gesundheitliche Vorteile: Zum Beispiel verschüttet man ziemlich viel von dem Alkohol, den man trinken möchte.

Gide, André (1869 - 1951) französischer Schriftsteller

Ohne trinken leben, heißt sterben, und im Sterben trinken, heißt wieder leben.

Übermäßiger Weingenuss ärgert mich, zehn Pints pro Tag reichen mir.

Girard de Saint-Amant, Marc-Antoine (1594 - 1661) französischer Lyriker

Geduld ist wie der Sonnenschein, macht saure Frucht zu süßem Wein.

Glass, Luise (1857 - 1932) deutsche Schriftstellerin

In vino veritas – Im Wein liegt die Wahrheit. Sollten wir nicht allen Lügnern Wein verordnen?

Im Wein soll die Wahrheit liegen, doch meist fängt die Lüge bereits beim Etikett an.

Glaßl, Helmut (1950) deutscher Aphoristiker

Im Wein liegen produktivmachende Kräfte besonderer Art.

Sitz ich allein,
Wo kann ich besser sein?
Meinen Wein trink ich allein,
Niemand setzt mir Schranken,
Ich hab so meine eigenen Gedanken.

Das Trinken lernt der Mensch zuerst, viel später erst das Essen,
drum soll er auch aus Dankbarkeit das Trinken nicht vergessen.

Wein und Frauen sind auf Erden aller Weisen Hochgenuss, denn sie lassen selig werden, ohne dass man sterben muss.

Trunken müssen wir alle sein.
Jugend ist Trunkenheit ohne Wein;
Trinkt sich das Alter wieder zu Jugend, so ist es wundervolle Tugend.

Für Sorgen sorgt das liebe Leben und Sorgenbrecher sind die Reben.

Solange man nüchtern ist, gefällt das Schlechte;
wie man getrunken hat, weiß man das Rechte.

Gut, wenn ich wählen soll, so will ich Rheinwein haben.
Das Vaterland verleiht die allerbesten Gaben.

In des Weinstocks herrliche Gaben
Gießt ihr mir schlechtes Gewässer.
Ich soll immer unrecht haben
Und weiß es besser.

Das Leben ist viel zu kurz, um schlechten Wein zu trinken.

Kein Genuss ist vorübergehend, denn der Eindruck, den er zurücklässt, ist bleibend.

In Jena weiß man viele Sachen, nur nicht aus Essig Wein zu machen.

Wenn sich der Most auch ganz absurd gebärdet, es gibt zuletzt doch noch e‘ Wein.

Ob der Koran von Ewigkeit sei,
Darnach frag‘ ich nicht.
Ob der Koran geschaffen sei,
Das weiß ich nicht.
Dass er das Buch der Bücher sei,
Glaub ich aus Mosleminenpflicht.
Dass aber der Wein von Ewigkeit sei,
Daran zweifl‘ ich nicht;
Oder dass er vor den Engeln geschaffen sei,
Ist vielleicht auch kein Gedicht.
Der Trinkende, wie es auch immer sei,
Blickt Gott frischer in‘s Angesicht.

Der liebe Gott hat nicht gewollt, dass edler Wein verderben sollt, drum hat er auch zum Saft der Reben den nötigen Durst dazu gegeben.

Wer Wein verlangt, der keltre reife Trauben.

Lieb-, Lied- und Weines Trunkenheit,
Ob's nachtet oder tagt,
Die göttlichste Betrunkenheit,
Die mich entzückt und plagt.

Wein macht munter geistreichen Mann,
Weihrauch ohne Feuer man nicht riechen kann. Wasser allein macht stumm,
das zeigen im Bach die Fische.
Wein allein macht dumm,
siehe die Herrn am Tische.
Da ich keins von beidem will sein,
trink ich Wasser mit Wein.

Ein Mädchen und ein Gläschen Wein,
sind die Retter in der Not,
denn wer nicht trinkt und wer nicht küsst,
der ist so gut wie tot.

Wer Wein machen kann, soll keinen Essig machen.

Das Wasser allein macht stumm,
das beweisen im Wasser die Fische,
Der Wein allein macht dumm,
das beweisen die Herren am Tische,
Daher, um keines von beiden zu sein,
trink' ich Wasser vermischt mit Wein.
Wenn sich der Most auch ganz absurd gebärdet,
Es gibt zuletzt doch noch e' Wein.

Wenn der Körper ein Kerker ist,
Warum nur der Kerker so durstig ist?
Seele befindet sich wohl darinnen
Und bliebe gern vergnügt bei Sinnen;
Nun aber soll eine Flasche Wein,
Frisch eine nach der andern herein.
Seele will's nicht länger ertragen,
Sie an der Türe in Stücke schlagen.

Es lebe die Freiheit! Es lebe der Wein.

Ich will Champagner-Wein; und recht moussierend soll er sein.

Auf, auf, lernt diese Welt erkennen, des Lebens tiefste Weisheit liegt im Wein.

Wenn man nicht trinken kann,
soll man nicht lieben;
Doch sollt ihr Trinker euch
nicht besser dünken,
wenn man nicht lieben kann,
soll man nicht trinken.

Die stille Freude wollt ihr stören?
Lasst mich bei meinem Becher Wein;
Mit andern kann man sich belehren,
Begeistert wird man nur allein.

Ohne Wein kann's uns auf Erden,
Nimmer wie dreihundert werden,
Ohne Wein und ohne Weiber,
Hol der Teufel unsre Leibe.

Schafft ihr neuen Wein, so wollen wir euch loben,
doch schenkt nicht allzu kleine Proben;

denn wenn ich judizieren soll,
verlang‘ ich auch das Maul recht voll.

Wenn die Reben wieder blühen, rühret sich der Wein im Fasse.

Ein echter deutscher Mann mag keinen Franzen leiden, doch ihre Weine trinkt er gern.

Rotwein her.
Um das Herze zu erwärmen, wenn ich trinke will ich schwärmen.
Nur von besten Rebenhügel, wächst der Wein zu Lebensflügeln.
Was ich wünsche will ich hoffen und beglückt als eingetroffen
süße Jugend Wiederkehr.

Der Wein erfreut des Menschen Herz,
und die Freudigkeit ist die Mutter aller Tugenden.
Wenn ihr Wein getrunken habt, seid ihr alles doppelt,
was ihr sein sollt, noch einmal so leicht denkend,
noch einmal so unternehmend, noch einmal so schnell ausführend.

Denn meine Meinung ist nicht übertrieben;
Wenn man nicht trinken kann, soll man nicht lieben.
Doch sollt ihr Trinker euch nicht besser dünken:
Wenn man nicht lieben kann, soll man nicht trinken.

Solange man nüchtern ist,
gefällt das Schlechte.
Wie man getrunken hat,
weiß man das Rechte

Sorgsam brachte die Mutter des klaren herrlichen Weines in geschliffener Flasche auf blankem zinnernem Runde mit den grünlichen Römern, den echten Bechern des Rheinweins.

Goethe, Johann Wolfgang von (1749 - 1832) deutscher Dichter und Naturforscher

Ich genieße schöne Frauen – und ich höre ihnen zu. Ich genieße sie wie eine gute Jazzplatte oder einen sanften Rotwein.

Goldblum, Jeffrey Lynn (1952) amerikanischer Schauspieler

Ich liebe alles, was alt ist: alte Freunde, alte Zeiten, alte Männer, alte Bücher und alten Wein.

Goldsmith, Oliver (1728 – 1774) irischer Schriftsteller und Arzt

Reben, die lange entblättert sind,
Frieren und liegen darnieder,
Über die Hänge im Abendwind
Weinen Klapotetzlieder.
Weinen um all die vergangenen Lust,
Ernte und Winzergelage,
Wecken in meiner ruhigen Brust
Sehnsucht verklungener Tage.
Gib mir noch einmal, braunäugiges Kind,
Deine verdurstenden Glieder!
Nutzlose Klage im Abendwind
Weinen Klapotetzlieder.

Goll, Ernst (1887 - 1912) österreichischer Dichter

Es ist gleich um die Mittagszeit und ich bitte Sie um eine Träne von Ihrem Tokajer Wein.

Eine Religion ohne Übernatürliches … es erinnert mich an eine Anzeige, die ich in den Zeitungen gelesen habe: Wein ohne Trauben.

Goncourt, Edmond Louis Antoine Huot de (1822 - 1896) französische Schriftsteller

Weintrauben sind genauso empfindlich für Angriffe wie Autoren.

Gopnik, Adam (1956) amerikanischer Schriftsteller, Essayist und Kommentator

Gute Musik ist wie ein guter Wein. Guter Wein schmeckt wie ein leidenschaftlicher Kuss. Ein leidenschaftlicher Kuss hypnotisiert wie ein guter Wein.

Górniak, Edyta Anna (1972) polnische Sängerin

Wenn man die Wahrheit sucht, ist Champagner besser als ein Lügendetektor. Er ermutigt einen Mann expansiv und sogar rücksichtslos zu sein, während Lügendetektoren nur eine Herausforderung sind, um erfolgreich Lügengeschichten zu erzählen.

Seit der Hochzeit in Cana kann kein Wein als unwichtig angesehen werden, mein Freund.

Greene, Henry Graham (1904 - 1991) britischer Schriftsteller, Journalist, Romancier, Dramatiker und Drehbuchautor

Er konnte die minderwertigen Flaschen an Tisch vier und sieben ausgeben. Tisch sieben hatte keine Ahnung von Wein und schickte eine Flasche Riesling als „verkorkt“ zurück, weil ein paar Stückchen Kork drin waren, die Idioten.

Greenwood, Kerry (1954) australische Juristin und Schriftstellerin

Ich liebe Männer, so wie andere Leute gutes Essen oder guten Wein.

Greer, Germaine (1939) australische Intellektuelle, Publizistin und Feministin

Ich bin heute mit dem falschen Wein aufgestanden.
Wo Wein wächst, ist auch die Lebensfreude größer.

Grem, Nikolaus Peter (1983) österreichischer Unternehmer

Religiosität ist die Weingärung des sich bildenden und die faule Gärung des sich zersetzenden Geistes.

Die Kunst verhält sich zur Natur wie der Wein zur Traube.

Grillparzer, Franz Seraphicus (1791 - 1872) österreichischer Schriftsteller

Es ist ebenso schwer, ein schlechtes Bier zu finden wie schlechtem Wein zu entgehen.

Gross, Johannes (1932 - 1999) deutscher Publizist, Journalist, Verleger und Aphoristiker

„Koche nie mit einem Wein, den du nie trinken würdest“, sagte er. Ich denke, das setzt voraus, dass es einen Wein gibt, den ich nicht trinken würde.

Wenn es auf dieser Welt eine Magie gab, die keine Magie war, dann war es Wein.

Grossman, Lev (1969) amerikanischer Schriftsteller und Journalist

Die Welt ist voll von Leuten, die Wasser predigen und Wein trinken.

Guareschi, Giovannino Oliviero Giuseppe (1908 - 1968) italienischer Journalist, Karikaturist und Schriftsteller

Es gibt keinen Tranck unter allen, der mit unserem Blute und unserer natürlichen Nahrung besser zustimme, als der rote Wein, und derselbige in unser Blut verwandelt wird.

Guarinoni, Hippolyt (1571 - 1654) österreichischer Arzt, Schriftsteller, Architekt und Universalgelehrter

Sie fürchten die Auswirkungen von Wein, aber man darf feststellen, dass es viel mehr alte Säufer als alte Ärzte gibt.

Guitry, Sacha (1885 - 1957) französischer Schauspieler, Filmregisseur, Drehbuchautor und Dramatiker

Hartlauer sollte nicht nur bei Fotoartikeln, sondern auch bei seinen Brillen einen Liter Wein dazugeben, damit man besser sieht.

Gumpelmayer, Theo (1936 - 2007) österreichischer Innungsmeister

H wie Heroldrebe

Ist nicht der Mann dem Weib, das Weib dem Mann. Ein Grund des Freu'ns, so gut als Wein und Rosen? Ist nicht Haut Haut, Haar Haar? Und wo es an Der Liebe mangelt, bleibt nicht das Liebkosen?

Hacks, Peter (1928 - 2003) deutscher Philologe, Germanist, Dramatiker, Essayist und Lyriker

Noch währt die Zeit der Jugend, das Beste ist nur Wein.
Das Beste für Betrübte ist wüst und trunken sein.
Die Welt ist wüst vom Scheitel bis zu der Füße Rand.
Das wüst sein ist das Beste, in einem wüsten Land.

Ich habe mich fest entschlossen: Nie trinke ich wieder Wein. Und spielt mir der Durst keinen Possen, so soll's auch gehalten sein.

Ins Weinhaus komm und spiegle dein Gesicht im Purpurwein.

Schenk, bring mir den Wein, das Elixier der Lebend'gen, dass ich den Erdenstaub wandle in ewiges Gold. Auf dem Becher ruhet das Aug' und auf den Lippen die Seele, bis du mir jenes nicht gibst, nehme mir dieses nicht weg.

Sei doch, Freund, um Gotteswillen nicht zur Rosenzeit Asket.
Trinke Wein und küss die Liebe: denn die Rosenzeit vergeht.

Wein, dass ich die Welt erob're. Wein, dass ich den Himmel stürme. Wein, dass ich mit einem Sprunge über beide Welten setze: bring', o Schenke, bringe Wein.

Bringe Wein, erlöse mich von dem Kummer. Nur mit Wein vertreibt man alle Sorgen.

Zwei schelmische Mädchen, zwei Eimer voll Wein. Die Muße, ein Buch und ein Winkel im Haus, dies geb' um das andere Leben ich nicht, und stünden auch Scharen zu dienen bereit.

Wenn ich mein Gewand für Wein verkaufe, verkaufe ich wenig und bekomme viel.

Die Süßigkeit des Rausches kommt aus des Weines Herbe.

Hafis (1315 - 1390) persischer Dichter und Mystiker

Was kann das Totenreich gestatten?
Nein! Lebend muss man fröhlich sein.
Dort herzen wir nur kalte Schatten;
Dort trinkt man Wasser und nicht Wein.

Hagedorn, Friedrich von (1708 - 1754) deutscher Dichter

Eine Traube von Gott füllt alle Krüge mit Wein.

Hamann, Johann Georg (1730 - 1788) deutscher Philosoph und Schriftsteller

Einige Männer trinken das Blut anderer Männer. Ich trinke nur Wein.

Hamid, Mohsin (1971) pakistanischer Schriftsteller

Weißwein belebt am Vormittag die Einbildungskraft, die Sinne werden in ihrer Empfänglichkeit geschärft, die Eindrücke werden schnell und klar wahrgenommen, die Stimme wird voller und kräftiger, die Müdigkeit verschwindet. So entsteht ein Gefühl von Wohlbehagen und Lust, von erhöhter Kraft und neu gestähltem Mut.

Hamm, Philipp Wilhelm Ritter von (1820 - 880) deutscher Agrarwissenschaftler, Unternehmer und Politiker

Der Wein gehört zu den kostbarsten Gaben der Erde. So verlangt er Liebe und Respekt, wir haben ihm Achtung zu erweisen.

Hammurapi (1811 - 1750 v. Chr.) babylonischer König

Zwei bleiben schließlich übrig, Gott und der Wein.

Hamvas, Béla (1897 - 1968) ungarischer Schriftsteller

Nichts ist irritierender als ein Mann, der in einer Bar Wein bestellt, wenn man nichts isst.

Handler, Chelsea Joy (1975) amerikanische Komikerin, Schauspielerin und Autorin

Man muss sowieso immer ein bisschen wassern im Wein.

Hanegem, Willem van (1944) niederländischer Fußballspieler und -trainer

Netzwerken ist in Krisenzeiten die größte Herausforderung. Am besten Netzwerken kann man in entspannter Atmosphäre – bei einem guten Glaserl Wein, einem feinen Essen – das muss nicht immer das große Galadinner sein.

Hanner, Heinz (1963) österreichischer Koch, Kochbuchautor und Hotelier

Wein, das ist ein Roman, den der Winzer mit den Trauben schreibt.

Wein ist die Salbe für den Geist.

Häntsch, Thomas (1958) deutscher Fotograf

Der Leichtsinn genialischer Menschen ist wie der Kork auf der Weinflasche:wird der Kork beweglich, so rührt sich auch der Wein.

Hardenberg, Georg Philipp Friedrich von (1772 - 1801) deutscher Schriftsteller und Philosoph

Ich schwebe über den teuren Scotch und dann über den Armagnac, aber schließlich entscheide ich mich für einen roten Bordeaux. Ich rieche in den Wein hinein und falle fast in Ohnmacht. Es riecht nach alten Häusern, altem Holz und dunklen Geheimnissen, aber auch nach heißem Sonnenschein durch alte Fensterläden und lange, wahnsinnige Nachmittage in einem Himmelbett. Es ist kein Wein, es ist ein Leben, genau hier im Glas.

Harkaway, Nick (1972) englischer Schriftsteller

Das einfache Öffnen einer Flasche Wein hat der Menschheit mehr Glück gebracht als jede Regierung der Weltgeschichte.

Harrison, James Thomas (1937 - 2016) amerikanischer Schriftsteller

Das Mindeste, was die Zivilisation zum Überleben braucht, ist ein ausreichender Vorrat an guten Weinen.

Harrod-Eagles, Cynthia (1948) britische Schriftstellerin

Solange du von diesem guten Wein trinkst, kann es dir nicht schlecht gehen.

Hasler, Karl (1944) schweizer Dachdeckermeister

Der netteste Zug an manchen Menschen ist sein Zug aus einem vollen Weinglas.

Eine schöne Frau kann ihre kleinen Fehler haben, ebenso wie ein edler Wein ein Restchen Kork. Dennoch werden beide mit Wonne genossen.

Im Wein liegt Wahrheit, in der Wahrheit ... Erkenntnis.

Je klarer der Wein desto benebelter der Kopf.

Wer den Göttertrank der Liebe als Tischwein benützt, merkt nach einigen Gläsern, wie schal er schmecken kann.

Alter Wein und junge Mädchen erfreuen Herz und Gaumen. Umgekehrt ist es weniger erfreulich.

Jeder Weinpantscher müsste dazu verurteilt werden, seinen verwässerten Wein zur Gänze allein zu trinken.

Junge Weine und alte Jungfern sind mit Vorsicht zu genießen.

Wer den Göttertrank der Liebe als Tischwein benützt, merkt nach einigen Gläsern, wie schal er schmecken kann.
Dem ausgepichten Trinker geht es wie dem Weinschlauch. Je mehr durchrinnt, desto dichter hält er.

Hauenstein, Hans (1912 - 1989) österreichischer Dichter und Schriftsteller

Ich glaube, dieses Geschlecht fühlt, dass es keines edlen Weines mehr wert ist.

Und wird einmal der Geist uns trübe, wir baden uns im alten Wein, und ziehen mit Gesang und Liebe, in unseren Freudenhimmel ein.

Hauff, Wilhelm (1802 - 1827) deutscher Schriftsteller

Der Wein im eigenen Fass ist dein, lass ihn heraus, so bist du sein.

Wassertrinker Diogen hatt‘ zur Wohnung doch eine Tonn‘ sich ausersehn, die nach Weine roch.

Wo ist der Wein von gestern hin? Wir tranken ihn! Wir tranken ihn. Wo aber ist der Wein von heut? Er steht zum Trinken vor euch, Leut‘.

Haug, Johann Christoph Friedrich (1761 - 1829) deutscher Schriftsteller

Manche hübsche Weintraube eines Weisen lebt weiter als Rosine im Kopf eines Narren.

Hauschka, Ernst Reinhold (1926 - 2012) deutscher Aphoristiker und Lyriker

Angesichts der Anzahl der Korken wurde Paris tatsächlich abgefüllt.

Hauser, Paul Régis (1947 – 2000) französischer Schriftsteller

Ich sollte im Voraus sagen, dass ich noch nie in einem Keller gewesen bin. Im Grunde kann ich auch keinen Grund erkennen, warum jemand jemals in einen Keller gehen sollte, es sei denn, es handelt sich um einen Weinkeller.

Hawkins, Rachel (1979) amerikanische Autorin

Die Sentiments der Weiber sind Aderlässe, und wie wir durch erhöhtes Empfinden gewinnen, so verlieren sie. Das Weib ist wie der Weinstock: Soll er Trauben bringen, so darf er nicht bluten.

Fürchte die schlechteste Fliege. Sie kann den edelsten Wein dir doch verderben: Sie fällt eben hinein und ersäuft.

Trinkt des Weines dunkle Kraft, die Euch durch die Seele fließt und zu heil'ger Rechenschaft sie im Innersten erschließt.

Wohl bringt die Liebe uns zuletzt auch Leid, doch all die bitt'ren Tränen, die ich weinte, sind durch den ersten Kuss voraus bezahlt.

Jetzt schwingen wir den Hut, der Wein, der war so gut. Der Kaiser trinkt Burgunder Wein, sein schönster Junker schenkt ihm ein, und schmeckt ihm doch nicht besser.

Der Wein ist die edelste Verkörperung des Naturgeistes.

Göttlich! Sich berauscht fühlen bei dem bloßen Gedanken daran, dass es Wein gibt.

Der Wein ist das Blut der Götter.

Hebbel, Christian Friedrich (1813 - 1863) deutscher Dramatiker und Lyriker

Wir können vieler Ding entbehren
Und dies und jenes nicht begehren,
Doch werden wenig Männer sein,
Die Weiber hassen und den Wein.

Jetzt schwingen wir den Hut
der Wein, der war so gut.
Der Kaiser trinkt Burgunder Wein,
sein schönster Junker schenkt ihm ein,
und schmeckt ihm doch nicht besser, nicht besser.

Hebel, Johann Peter (1760 - 1826) deutscher Schriftsteller, Theologe und Pädagoge

Wenn der Wein niedersitzt, schwimmen die Worte empor.

Heckmann, Herbert (1930 - 1999) deutscher Schriftsteller und Hochschullehrer

Muss einer betrunken sein,
um Lust zu haben, die Wahrheit zu sagen.

Im Wein liegt Wahrheit und mit der stößt man überall an.

Hegel, Georg Wilhelm Friedrich (1770 - 1831) deutscher Philosoph

Weinlesen macht nicht betrunkener als Büchertrinken belesener macht.

Heidenreich, Elke Helene (1943) deutsche Schriftstellerin, Kabarettistin, Moderatorin und Journalistin

Bücher sind wie Weinflaschen: Der Staub darauf spricht für Qualität.

Heimeran, Ernst (1902 - 1955) deutscher Autor und Verleger

Ja, ja, der Wein, das ist mein Element
in seinen goldighellen Liebesfluten
will ich gesund die kranke Seele baden.

Sie sang vom irdischen Jammertal, von Freuden, die bald zerronnen, vom Jenseits, wo die Seele schwelgt, verklärt in ewigen Wonnen. Sie sang das alte Entsagungslied, das Eiapopeia vom Himmel, womit man einlullt, wenn es greint, das Volk, den großen Lümmel. Ich kenne die Weise, ich kenne den Text, ich kenn‘ auch die Herren Verfasser; ich weiß, sie tranken heimlich Wein und predigten öffentlich Wasser.

Der Rheinwein stimmt mich immer weich
und löst jedwedes Zerwürfnis

in meiner Brust, entzündet darin
der Menschenliebe Bedürfnis.

Ich danke dem Schöpfer in der Höh, der durch sein großes „Werde“, die Auster geschaffen in der See und den Weinstock auf der Erde; der auch Zitronen wachsen ließ, die Austern zu betauen. Nun lass mich, Vater in der Nacht, das Essen gut verdauen.

Frau Venus, meine schöne Frau, von süßem Wein und Küssen, ist meine Seele geworden krank; Ich schmachte nach Bitternissen.

Ich möchte nicht den Menschen gleichen, die den ganzen Tag über Kopfschmerzen klagen, doch nachts Wein trinken, der eben diese Kopfschmerzen hervorruft.

Schiller: hier feiert der Gedanke seine Orgien – nüchterne Begriffe, weinlaubumkränzt, schwingen den Thyrsos, tanzen wie Bacchanten – besoffene Reflexionen.

Heine, Christian Johann Heinrich (1797 - 1856) deutscher Dichter, Schriftsteller und Journalisten

Ich habe zwei Dinge, die mein Leben ausschließlich bestimmen. Das ist ein absolutes Lebensbedürfnis: Die Natur und andererseits die Kunst. Ich muss es so sagen. Deshalb kann ich nur dort, wo ich meinen Garten und mein Haus habe, leben. In den Weinbergen von Wien.

Heltau, Michael (1933) deutsch-österreichischer Schauspieler und Chansonnier

In Europa haben wir gedacht, der Wein ist etwa so gesund und normal wie Essen, und auch ein großen Geber von Glück und Wohlbefinden, und der Genuss des Wein trinkens war kein

Snobismus oder ein Zeichen von Raffinesse oder einer Sekte. Es war so natürlich wie Essen und für mich notwendig.

Kein Mann trinkt zu seinem Vergnügen.

Der Priester war gut, aber langweilig. Die Offiziere waren nicht gut, aber langweilig. Der König war gut, aber langweilig. Der Wein war schlecht, aber nicht langweilig.

Mein Schatz, dieser Wein ist zu gut zum Anstoßen. Sie möchten Ihre Emotionen doch nicht mit einem Wein dieser Qualität verwirren.

Wein ist die zivilisierte Sache der Welt.

Ich hatte viel Wein getrunken und danach Kaffee und Strega und ich erklärte, dass wir nicht die Dinge taten, die wir tun wollten.

Eine Person mit zunehmendem Wissen und Sinneserziehung kann unendlichen Genuss aus Wein ziehen.

Hemingway, Ernest Miller (1899 - 1961) amerikanischer Schriftsteller

Dieser Wein ist zu gut, um damit zu toasten, mein Freund. Man soll keine Emotionen mit so einem Wein durcheinanderbringen. Du verlierst den Geschmack.

Laut zu sein, nachdem man Wein getrunken hat, hilft nichts. Schweigen nach dem Trinken von Wein hilft nicht. So oder so wird nichts wirklich gelöst

Hemingway, Mariel Hadley (1961) amerikanische Schauspielerin

Die ganze Kunst des Weinkonsums ist eine Wissenschaft aus angenehm inspirierten Gesprächen, neuen und brillanten Gedanken in der Zeit zwischen dem Essen und dem Speisesaal.

Henderson, Alexander (1583 - 1646) schottischer Theologe

Gutes Essen und guter Wein ist das Paradies auf Erden.

Henry IV. (1366 - 1413) englischer König

Seine Dummheit versteckt man besser, aber das ist schwer im Entspanntsein oder beim Wein.

Heraklit von Ephesos (520 - 460 v. Chr.) griechischer Philosoph

Der Wein in der Flasche kann den Durst nicht stillen.

Herbert, George (1593 - 1633) englischer Schriftsteller

Gott hat den Menschen geschaffen, zerbrechlich wie eine Blase, Gott hat es aus Liebe gemacht, Liebe machte Kummer, Gott hat den Weinberg geschaffen, War es eine Sünde? Dass der Mann einen Wein gemacht hat, um den Kummer ertrinken?

Herford, Oliver (1863 – 1935) britischer Schriftsteller, Künstler und Illustrator

In jedem vollen Glase Wein
seh unten auf dem Grund

ich deine hellen Äugelein
und deinen süßen Mund.
Da trink ich schnell und warte nicht
und küsse dich im Wein
Aufs Neu zu schaun dein Angesicht
schenk schnell ich wieder ein.
So füll und leer mein Gläschen ich
und trinke immerzu
Nennt man mich nächstens liederlich
die Schuld, mein Schatz, hast du.

Hermanns, Rudolf (1853–1909) deutscher Architekt

Der Rhein,
Und wär's nur um den Wein,
Der Rhein soll deutsch verbleiben.

Herwegh, Georg Friedrich Rudolf Theodor Andreas (1817-1875) deutscher Dichter und Übersetzer

Es ist sehr spät im Fass, sparsam zu sein, wenn der Wein am Bodensatz ist.

Hesiod (um 700 v. Chr) war ein griechischer Dichter

Zuweilen freut es mich, still und allein
In kühler Stube ruhevoll zu zechen,
Mit einem alten, liebgewordenen Wein
Ein gutes, treues Freundschaftswort zu sprechen.

Dann wünsch ich hoffend mir die Zeit herbei,
Da mir und meiner Pilgerfahrt auf Erden
Doch noch einmal, ob's auch in Schmerzen sei,
Der reinen Reife Tage kommen werden.

Dann aber sei ein Freund mit auch beschert
Der meines Lebens überfüllten Becher
Mit dankbar schonendem Genusse ehrt,
Dem reifen Wein ein ebenbürtiger Zecher.

In meinen Becher mit Wein ist ein Falter geflogen,
Trunken ergibt er sich seinem süßen Verderben,
Rudert erlahmend im Nass und ist willig zu sterben
Endlich hat ihn mein Finger herausgezogen.

So ist mein Herz von deinen Augen verblendet,
Selig im duftenden Becher der Liebe versunken,
Willig zu sterben, vom Wein deines Zaubers betrunken,
Wenn nicht ein Wink deiner Hand mein Schicksal vollendet.

Er hat mich Einsiedler und Bauern zum König, Dichter und Weisen gemacht. So ist der Wein! Doch ist es mit ihm wie mit allen köstlichen Gaben und Künsten. Er will geliebt, gesucht, verstanden und mit Mühen gewonnen werden.

Nächtelang versonnen und allein, sitz‘ ich nun und fühle mich versinken in die wirre Nacht von Rausch und Wein, deren Lichter mir wie Geister winken.

Hesse, Hermann Karl (1877 - 1962) deutsch-schweizerischer Schriftsteller, Dichter und Maler

Wein ist der befeuernde Geist aller Feste und der König aller Getränke.

Wer Wein trinkt, betet; wer Wein säuft, sündigt.

Wein saufen ist Sünde, Wein trinken ist beten. Lasset uns beten.

Heuss, Theodor (1884 - 1963) deutscher Journalist, Politikwissenschaftler und Politiker

Durch Trinken loben wir den Wein
Und schönen Mund durch Küssen.
Was könnt‘ auch wohl beredter sein
Als so verstummen müssen?

Leidenschaft ist ein süßer Wein, geschlürft aus einem glühende Becher. Er labt bis ins innerste Mark hinein und versengt die Lippe dem Zecher.

Im Weine wie spiegelt die Welt sich so schön!
Wer fastet und klügelt, wird‘s nimmer verstehn.
Drum Flaschen entsiegelt und Herzen entzügelt
und Geister beflügelt zu himmlischen Höhn.

Lob wird Aufrichtigkeit sein, Grobheit muss von uns gehen. Wer lässt sich gerne den klaren Wein in einem schmutzigen Glas reichen.

Heyse, Paul Johann Ludwig von (1830 - 1914) deutscher Schriftsteller, Dramatiker und Übersetzer

Der Wein ist die erste Waffe, derer sich die Teufel im Kampfe gegen die Jugend bedienen. Die Habsucht macht den Menschen vor Gier zittern, der Stolz bläht ihn auf, der Ehrgeiz reizt ihn an, aber schlimmer ist die Wirkung des Weins.

Hieronymus, Sophronius Eusebius (347 - 420) römischer Gelehrter und Theologe

Gute Weine werden in kleinen Mengen hergestellt. Es ist eine Frage der Zeit und Sorgfalt, nur die besten Trauben zu ernten. Heute holt man so viel wie möglich aus den Böden und was kann man dann erwarten – Wein ohne jeglichen Geschmack.

Hillaby, John (1917 – 1996) britischer Reiseschriftsteller und Entdecker

Ohne mich geht im Keller und Weingarten gar nichts. Wenn ich keine Zeit mehr für meine Weine habe, lasse ich es lieber bleiben. Wein ist meine große Liebe.

Ich will nicht zum Lugner der Weinszene werden.

Hillinger, Leo (1967) österreichsicher Weinhändler und Winzer

Natürlich sind meine Weihnachten herrlich und romantisch. Im Gegensatz zum Rest der Welt lassen wir für Santa Claus eine Flasche Wein zurück … also Santa-san liefert unter Einfluss von Alkohol Geschenke aus….

Himaruya, Hidekaz (1985) japanischer Manga-Künstler

Die perfekte Begleitung zu einem schönen Abendessen ist nicht ein zeitloser Wein, sondern eine schöne Frau.

Hincks, Anthony (n.d.) amerikanischer Autor

Im Wein liegt Wahrheit, weil sie dort nicht mehr stehen kann.

Demokratie ist der Wein, in dem Wahrheit vermutet wird.

Hinrich, Manfred (1926 - 2015) deutscher Autor, Journalist und Aphoristiker

Wasser macht weise, glücklich der Wein, drum trinke beides, um beides zu sein.

Hippel, Theodor Gottlieb von (1741 - 1796) deutscher Staatsmann, Schriftsteller und Sozialkritiker

Der Wein ist ein Ding, in wunderbarer Weise für den Menschen geeignet, vorausgesetzt, dass er, bei guter und schlechter Gesundheit, sinnvoll und in rechtem Maße genossen wird, übereinstimmend mit der Verfassung der entsprechenden Person.

Hippokrates von Kos (460 - 370 v. Chr.) griechischer Arzt

Konversation ist der Feind des guten Weines und Essens.

Hitchcock, Sir Alfred Joseph (1899 - 1980) britisch-amerikanischer Filmregisseur und Filmproduzent

Wenn jetzt in Wien der Wein auch noch knapp werden sollte, ist mit dem Ausbruch von Unruhen zu rechnen.

Hochner, Robert (1945 - 2001) österreichischer Journalist und Fernsehmoderator

Der wahre Antichrist ist derjenige, der den Wein einer ursprünglichen Idee in mittelmäßiges Wasser verwandelt.

Hoffer, Eric (1902 - 1983) amerikanischer Philosoph und Autor

Deutsche Frauen, deutsche Treue, deutscher Wein und deutscher Sang.
Sollen in der Welt behalten, ihren alten schönen Klang.
Uns zu edler Tat begeistern, unser ganzes Leben lang.
Deutsche Frauen, deutsche Treue, deutscher Wein und deutscher Sang.

Bleib Du immer, stumme Welt, in Nüchternheit versunken, Ich habe mich ins Sternenzelt, gar kühn hinauf getrunken.

Wann einst die Flaschen größer werden
wann einst wohlfeiler wird der Wein,
dann findet sich vielleicht auf Erden
die goldene Zeit noch einmal ein

Doch nicht für uns! uns ist geboten
in allen Dingen Nüchternheit –
die goldne Zeit gehört den Toten
uns uns nur die papierne Zeit

Ach! kleiner werden unsere Flaschen
und täglich teurer wird der Wein
und leerer wird's in unseren Taschen
Gar keine Zeit wird bald mehr sein.

O Wein. O Wein. Mir ist so wohl wie nie. Schenkt ein. Schenkt ein. Das nenn ich Therapie.

Wein und Weib und Würfel … ist ein Dreifach Weh.

Hoffmann, August Heinrich (1798 - 1874) deutscher Hochschullehrer, Dichter und Sammler und Herausgeber

O Wein. O Wein. Mir ist so wohl wie nie.
Schenkt ein. Schenkt ein. Das nenn‘ ich Therapie.

Hoffmann, Ernst Theodor Amadeus (1776 - 1822) deutscher Jurist und Schriftsteller

Genießt im edlen Gerstensaft des Weines Geist, des Brotes Kraft.

Hogarth, William (1697 - 1764) englischer Maler und Grafiker

Ob Wein eine Nahrung, Medizin oder Gift ist, ist eine Frage der Dosierung.

Hohenheim, Theophrastus Bombast von (1493 - 1541) schweizer Arzt, Astrologe, Theologe, Mystiker und Philosoph

Seliges Tal des Rheins. Kein Hügel ist ohne Weinstock, und mit der Traube Laub Mauer und Garten bekränzt, und des heiligen Tranks sind voll im Strome die Schiffe, Städt‘ und Inseln, sie sind trunken von Weinen und Obst.

Hölderlin, Johann Christian Friedrich (1770 - 1843) deutscher Dichter und Lyrikern

Wenn Wein die Wahrheit sagt – und so behaupten die Weisen – dann bringt mich das zum Lachen, wenn man überlegt Brandy würde lügen.

Holmes, Oliver Wendell Sr. (1809 - 1894) amerikanischer Arzt und Schriftsteller

Der Burgunderwein ist von Mauern der Aromen umgeben, enthält den Atem der Zisterzienser und lässt noch die königliche Würde Karls des Großen ahnen.

Ein guter Wein erweckt die notwendige Demut der Natur gegenüber, die sich mit dem Menschen vereint hat.

Im Wein liegt Wahrheit, und die fürchtet der Teufel, daher mache man sich den Wein zum Freund.

Im Wein liegt die Wahrheit, die zu Kopfe steigt.

In vino veritas, doch es sind viele Wahrheiten, je nach Terroir.

Holtbernd, Thomas (1959) deutscher Theologe, Psychologe, Moderator und Autor

Das Glas gefüllt. Der Nordwind brüllt, die Sonn‘ ist niedergesunken. Der kalte Bär blinkt Frost daher, getrunken, Brüder, getrunken. Die Tannen glüh‘n hell im Kamin, verstreuen knatternd die Funken. Der edle Rhein gab uns den Wein, getrunken, Brüder, getrunken.

Die Erde wär‘ ein Jammertal, voll Grillenfang und Gicht, wüch‘s uns zur Lindrung unsrer Qual, der edle Rheinwein nicht.

Ein Leben wie im Paradies Gewährt uns Vater Rhein; Ich geb es zu, ein Kuss ist süß, doch süßer ist der Wein.

Es lebe jeder deutsche Mann, der seinen Rheinwein trinkt, so lang er‘s Kelchglas halten kann und dann zu Boden sinkt.

Die Erde wär ein Jammerthal,
(Wie unser Pfarrer spricht)
Des Menschen Leben Müh und Quaal,
Hätt‘ er den Rheinwein nicht.
Der macht die kalte Seele warm;
Der allerkleinste Tropf
Vertreibt den ganzen Grillenschwarm
Dem Zecher aus dem Kopf.

Ich geb es zu, ein Kuss ist süß, doch süßer ist der Wein.

Hölty, Ludwig Christoph Heinrich (1748 - 1776) deutscher Dichter

Denn dieser verhungerte Bettler sitzt da, nach Speise und Wein heißhungrig; aber zur Arbeit hat er nicht Lust noch Kraft, die verworfene Last der Erde.

Es ist der Wein, der uns verführt, der junge Wein bringt die weisesten Männer zum Singen und zum Lachen wie Dummköpfe – er treibt die Männer zum Tanzen … er verführt sogar alle dazu, Geschichten zu erzählen, die man besser nicht erzählt hätte.

Denn der Wein erneuert die Kraft ermüdeter Männer.

Es gibt keinen anmutigeren Moment im Leben,

wenn die Gäste um den schön gedeckten Tisch sitzen, dem Sänger lauschen,
und die Gläser aus der Amphore wieder gefüllt werden.

Homer (ca. 850 v. Chr.) griechischer Autor und Dichter

Siehe, dem Nüchternen scheint alles in Grau, einzig im Wein allein weichen Sorgen und Angst, Kummer und Leid.

Der Wein enthüllt die verborgenen Geheimnisse der Seele.
Alter Wein wird neue Wunden heilen.

Lebe mit Verstand, kläre den Wein und beschränke ferne Hoffnung auf kurze Dauer. Genieße den Tag, möglichst wenig leichtgläubig gegenüber dem folgenden.

Nun vertreibt die Sorgen durch Wein. Der wahrheitsliebende Bachus legt das umhüllende Herz bloß.

Keine Gedichte können lange gefallen und überleben, die von Wassertrinkern geschrieben werden.

Und du deckst bei fröhlichem Zechen geheime Pläne auf.

Jedes Leid wird mit Wein und Gesang erleichtert.

Lasst diejenigen, die nicht trinken, sondern nur speisen, vor Gericht austrocknen; Die Musen riechen nach Wein.

Bäder, Wein und Liebe zerstören unsern Leib, und das Leben machen doch nur Bad, Wein und Weib.

Wer im Wettlauf dem ersehnten Zielstein zustrebt, hat oft sich geplagt und oft die junge Kraft gespannt: Schweiß und Frost hat er ertragen, hat nicht gefragt nach Weib und Wein.

Horaz, Quintus Horatius Flaccus (65 - 8 v.Chr.) römischer Satiriker und Dichter

Oh flösse von Sankt Gotthards Höh'
als Rheinweinstrom der Rhein,
so möchte ich wohl der Bodensee,
doch ohne Boden sein.

Hornfeck, Friedrich (1822 - 1882) deutscher Dichter, Journalist und Schriftsteller

Prostitution und alten Wein nehmen das Verständnis.

Hosea (750–725 v. Chr.) israelischer Schriftpropheten

Du musst dich für etwas im Leben interessieren, sagte ich mir. Ich fragte mich, was mich interessieren könnte, jetzt da ich mit der Liebe fertig war. Ich könnte vielleicht einen Kurs in Weintasting machen oder anfangen, Modellflugzeuge zu sammeln.

Männer leben wie Ochsen nebeneinander, das einzige, was ihnen von Zeit zu Zeit gelingt, ist, eine Flasche Alkohol miteinander zu teilen

Houellebecq, Michel (1956) französischer Schriftsteller

Die Rebe schenkt den edlen Wein, das Gift, das tut der Schlemmer rein.

Huggenberger, Alfred (1867 - 1960) schweizer Schriftsteller

Der Wein der Starken ist das Gift der Schwachen.

Ein Tropfen Wein reicht aus, um ein Glas Wasser zu röten.

Ehen und Weine werden mit den Jahren sauer.

Gott schuf nur das Wasser, aber der Mensch schuf den Wein.

Zweimal muss reifen der Wein. Einmal als Traube im Sonnenschein. Und nochmals als Most im Fasse, dann gibt's guten Wein im Glase.

Hugo, Victor-Marie (1802 - 1885) französischer Schriftsteller

Die Reborte ist der Vorname, das Terroir ist der Familienname.

Humbrecht, Léonard (n.d.) französischer Winzer

I wie Ignea

Je älter ich werde, umso besser werde ich – wie Rotwein. Mögen Sie Rotwein? Ich bin ein perfektes Beispiel dafür.

Ibrahimović, Zlatan (1981) schwedischer Fußballspieler

Lasst uns Wein trinken, um uns daran zu erinnern, was für mystische Schönheiten das Leben uns bietet, und um zu verstehen, was für Zaubertränke wir haben.

Nicht nur zu viel Wein kann dich trunken machen, auch zu viel Schönheit.

İldan, Mehmet Murat (1965) türkischer Schriftsteller

Schönheit ist schlimmer als Wein, es berauscht sowohl die betreffende Person als auch den Betrachter.

Immermann, Karl Leberecht (1796 - 1840) deutscher Schriftsteller, Lyriker und Dramatiker

Ich trinke nicht. Der Wein ist ein Verderber, und sein Verderben lässt ersterben den Verstande. Der Wein malt eine Welt, der man verfällt und die es nie und nirgends gibt.

Ingrisch, Lotte (1930) österreichische Schriftstellerin

J wie Juwel

Wenn man gut zuhört, hört sich der Champagner beim Moussieren im Glas gleich an wie das Meeresrauschen.

Jacob, Max (1876 - 1944) französischer Dichter, Maler und Schriftsteller

Wonach wir im Wein suchen: Schönheit, Farbe, Kultur, Genuss und Träume.

Jacquinot, Geneviève (1937 - 2014) französische Hochschullehrerin

Er war für die Flasche, was Louis Armstrong auf der Trompete war.

Jaffrey, Saeed (1929 - 2015) britischer Schauspieler

Am bekömmlichsten aber ist der Wein, wenn er nicht einsam, sondern im Kreis von Freunden getrunken wird.

Jammes, Francis (1868 - 1938) französischer Dichter

Die Ehe ist wie Wein – man kann es erst nach dem zweiten Glas richtig beurteilen.

Jarrold, Ernest Justin (1848 - 1912) amerikanischer Autor

Herzensangelegenheiten und Wein passen gut zusammen ... wer sein Glas leert, leert sein Herz.

Jeanson, Henri (1900 - 1970) französischer Drehbuchautor

Ich habe gemäßigt gelebt – ich habe die Empfehlung des Arztes von einem Glas Wein pro Tag verdoppelt und zusammen mit einem Freund sogar verdreifacht.

Ich finde die Überlegung, Weine mit ähnlich hoher Steuer wie Luxusprodukte zu belegen, einen großen Fehler. Im Gegenteil, es ist eine Steuer auf die Gesundheit unserer Bürger.

Wir könnten in den Vereinigten Staaten eine gleiche Variation herstellen wie in Europa, nicht genau die gleichen Arten, aber doppelt so gut.

Keine Nation war je betrunken, wenn der Wein billig war.

Guter Wein ist eine tägliche Notwendigkeit für mich.

Wein belebt das Leben und Denken von jedermann.

Jefferson, Thomas (1743 - 1826) amerikanischer Präsident und Staatstheoretiker

Eine Weinflasche ist eine Art Batterie, aufgeladen mit Sonne, Duft und Erinnerung.

Jefford, Andrew (1956) englischer Journalist, Moderator, Poet und Autor

Die Ehe ist wie Wein. Sie kann bis zum zweiten Glas nicht richtig beurteilt werden.

Jerrold, Douglas William (1803 - 1857) englischer Dramatiker und Erzähler

Ich konnte Knoblauch, Butter und Wein riechen – die köstlichste Geschmackskombination der Welt. Ich fühlte mich warm, wie es die ersten paar Schlucke Wein auch immer tun.

Jio, Sarah (1978) amerikanische Schriftstellerin, Journalistin und Kolumnistin

Weintrinker sehen gut aus, sind intelligent, sexy und gesund.

Es sind die Wissbegierigen, die den meisten Genuss am Wein haben.

Johnson, Hugh (1939) britischer Weinkritiker und Autor

Wein gibt einen Mann nichts. Es gibt ihm weder Wissen noch Witz. Es belebt nur einen Menschen und ermöglicht ihm herauszufinden, was er aus Furcht vor der Gesellschaft unterdrückt hat.

Einer der Nachteile von Wein ist, dass es einen Mann Worte und Gedanken verwechseln lässt.

Sir, ich habe nicht die Anzahl Ihrer Gläser Wein gezählt, warum sollten Sie also meine Tassen Tee zählen?

Der Wein lässt einen Menschen mehr Gefallen an sich selbst finden; das heißt nicht, dass er dann auch anderen besser gefällt.

Johnson, Samuel (1709 - 1784) englischer Gelehrter, Schriftsteller, Dichter und Kritiker

Wie der Mensch hängt der Geschmack eines Weines in hohem Maße von seiner Herkunft und seiner Erziehung ab.

Johnson-Bell, Linda (n.d.) amerikanische Autorin

Die Qualität eines Weines besteht wie Musik aus drei Komponenten. Zuerst das Instrument, der Weingarten. Dann der Musiker, der Winzer. Und zuletzt die Akustik im Weinbau, die Resonanz – die Verbindung mit den archetypischen Kräften von Weinstock und Weingarten. Im Biodynamischen Weinbau wird diese Resonanz immens verstärkt.

Joly, Nicolas (1945) französicher Winzer

Trink mir nur mit den Augen zu, mein Blick tut dir Bescheid, und bleibt ein Kuss für mich im Glas, den Wein ich gerne meid‘.

Jonson, Benjamin (1572 - 1637) englischer Bühnenautor und Dichter

Die Staatsmänner berauschen sich am Dunst des Weines, den sie einschenken, und ihre eigene Lüge täuscht sie.

Joubert, Joseph (1754 - 1824) französischer Moralist und Essayist

Mein Schreiben ist ein Überlauf des Weinglases meines Lebens, kein Becken, in dem ich meine Ideale und Erwartungen auswasche.

JoyBell, C. (n.d.) amerikanische Autorin

Weißwein ist wie Strom. Rotwein sieht aus und schmeckt wie ein flüssiges Beefsteak.

Joyce, James (1882 – 1941) irischer Schriftsteller

Wir werden alle zu einem bestimmten Zeitpunkt an einem bestimmten Ort geboren und haben, wie bei der Weinlese, die Eigenschaften des Jahres und der Jahreszeit, in der wir geboren wurden.

Der Wein der Jugend klärt sich nicht immer im fortschreitendem Alter; manchmal wird er trüb.

Jung, Carl Gustav (1875 - 1961) schweizer Psychiater

Nichts macht mit der Landschaft vertrauter als der Genuss der Weine, die auf ihrer Erde gewachsen und von ihrer Sonne durchleuchtet sind.

Der Deutsche gleicht gewissen Weinen, die verschnitten am trinkbarsten sind.

Jünger, Ernst (1895 - 1998) deutscher Schriftsteller und Philosoph

Sprich mit den Leuten über das, was sie verstehen: mit dem Jäger über die Jagd, mit dem Fischer über den Fischfang, mit dem Winzer über den Wein. Das gibt immer ein gutes Gespräch.

Ein Tropfen Güte ist mehr als ein Fass Wissen.

Jünger, Friedrich Georg (1898 - 1977) deutscher Lyriker, Erzähler und Essayist

Manchen Menschen stößt süßer Wein sauer auf.

Jüttner, Gerd (1954) deutscher Pädagoge und Journalist

Während wir Blumen und Wein, Opulenz und Liebe genießen, schleicht das Alter geräuschlos vorbei.

Juvenalis, Decimus Iunius (60–140) römischer Satirendichter

K wie Kerner

Alten Wein mit neuem Wein zu vermischen, ist Dummheit. Alte Weisheit mit neuer Weisheit, zu vermischen ist Reife.

Mit Wein sind alle Sorgen kleiner.

Kalantri, Amit (1988) indischer Autor

Liebe ist wie Wein, trinke es wie du reimst.

Kalwar, Santosh Kumar (1982) nepalesischer Autor

Der größte Sinnesgenuss, der gar keine Beimischung von Ekel bei sich führt, ist, im gesunden Zustande, Ruhe nach der Arbeit.

Kant, Immanuel (1724 - 1804) deutscher Philosoph

Wein-Klassifizierung in Gourmet-Ratgebern: Postskriptum

Karius, KarlHeinz (1935) deutscher Werbeberater, Autor und Verleger

Wer im Heerlager weintrunken gefunden wird,
soll so lange nur Wasser zu trinken bekommen,
bis er selber bekennt, er habe übel getan.

Dass sich niemand unterfange, die Trauben mit den Füßen zu treten.

Karl der Große (747 - 814) König des Fränkischen Reichs

Der Weise erkennt einen Freund auch ohne Wein.

Karneades von Kyrene (214 - 129 v. Chr.) altgriechischer Philosoph

Ich verzichte auf Alkohol. [..] ich merke auf einmal, wie sehr ein Glas Wein am Abend zur Gewohnheit werden kann. Aber ich will das Fasten auch nicht zum Gesetz machen. Die alten Mönche hatten da wunderbare Ausnahmen, etwa den Sonntag und Zeiten „auf Reisen“.

Käßmann, Margot (1958) deutsche Theologin, Pfarrerin und Kirchenfunktionärin

Ich bin immer noch betrunken, weil du hier warst, und du warst mein,
Und erneut strecke ich meine Hand aus für den Wein.

Wie deine betrunkenen Augen sich nicht klar sehen konnten, wie auch bei mir,
Wie du Wein liebst, so liebe ich den Wein, der du bist.

Khatun, Jahan (724 – 784) iranischer Dichter

Gib mir Bücher, französischer Wein, Obst, schönes Wetter und draußen ein bisschen Musik, die von jemanden gespielt wird, den ich nicht kenne.

Keats, John (1795 – 1821) britischer Dichter

Das Brot ist die ewig unveränderte unterste Grundlage aller Erden- und Menschheitsgeschichten, der Wein aber die edelste Gabe der geistdurchdrungenen, lebenswarmen Natur.

Trink, o Auge, was die Wimper hält, von dem goldnen Überfluss der Welt.

Ein guter Witz geht immer für ein Stück Brot, und ein leichter Sinn ersetzt manchen Becher Wein.

Weißt Du, manchmal habe ich so das Gefühl, eine Pulle Wein sei mehr Wert als die ganze Dichterei.

In dunkler Zeit ist man des Sonnenscheins bedürftig, auch wenn man keinen eigenen Weinberg besitzt, der darauf reifen soll.

Keller, Gottfried (1819 - 1890) schweizer Dichter und Autor

Geld. Eine Flasche Wein und eine gute Zigarre, das ist alles, was der Mensch braucht. Auf alles andere kann er pfeifen.

Kellermann, Bernhard (1879 - 1951) deutscher Schriftsteller

Ich bin wie ein alter Wein. Sie bringen mich nicht oft raus, aber ich bin besterhalten.

Kennedy, Rose (1890 - 1995) Mitglied der amerikanischen Kennedy-Dynastie

Aus den Schmerzen quellen Freuden,
aus der Freude quillt der Schmerz.

Wär‘ kein Wechsel von den beiden,
folgten nicht auf Freuden Leiden,
würd‘ nicht warm ein Menschenherz.

Nach den Tränen stellt im Leben
sich auch oft das Lachen ein;
Tränen haben auch die Reben,
aber trotz der Tränen geben
sie den lust‘gen, goldnen Wein.
Wohlauf! noch getrunken
Den funkelnden Wein!
Ade nun, ihr Lieben!
Geschieden muss sein.

Kerner, Justinus (1786 - 1862) deutscher Arzt, Dichter und Autor

Um festzustellen, ob man ein Glas Rotwein zu viel hatte, sollte man immer noch eins trinken.

Kersauson, Olivier de (1944) französischer Segler

Mein Sinn für Gastfreundschaft nimmt im direkten Verhältnis mit der Anzahl Gläser ab, die ich getrunken habe. Also zum Nachtisch und Kaffeezeit bin ich normalerweise viel zu relaxed (also gut, viel zu betrunken, wenn du darauf bestehst, einen Spaten einen Spaten zu nennen) und habe nicht mehr das Bedürfnis, den Tisch abzuräumen.

Keyes, Mary Catherine (1963) irische Autorin

Ich hätte mehr Champagner trinken sollen.

Keynes, Baron John Maynard (1883 - 1946) britischer Ökonom, Politiker und Mathematiker

Das Wesen der Freude liegt nicht im Genuss einer Sache, sondern in dem begleitenden Bewusstsein. Wenn mir ein einfacher Geist diente, der mir auf meine Bitte um ein Glas Wasser den kostbarsten Wein in einem Kelch servierte, würde ich ihn entlassen, um ihn zu lehren, dass Freude nicht im Genuss liegt, sondern darin, meinen Willen durchzusetzen.

Galanterie kostet nichts und bringt alles, und sie ist die Bedingung für allen erotischen Genuss. Galanterie ist die Freimaurerei der Sinnlichkeit und der Wollust zwischen Mann und Wein. Sie ist eine Natursprache wie die Sprache der Liebe überhaupt.

Kierkegaard, Søren Aabye (1813 - 1855) dänischer Philosoph, Essayist und Theologe

Besser ein alter Wein als ein neuer, gleichermaßen wie mit Freundschaften.

Kingsley, Charles (1819 - 1875) englischer Geistlicher, Theologe und Schriftsteller

Wenn du meine Liebe trinken könntest, als wäre sie eine Flasche Wein, würdest du dann ein oder zwei Gläser trinken? Das war eine trickreiche Frage, denn die Antwort ist, dass du alles trinken würdest – direkt aus der Flasche.

Kintz, Garod (1982) amerikanischer Autor

Wenn auch die Tante des Vikars nie Likör angerührt hat, so gnade ihr Gott, wenn sie den Champagner findet.

Kipling, Joseph Rudyard (1865 - 1936) britischer Schriftsteller und Dichter

Der österreichische Wein ist zu einem Weltbegriff geworden. Keiner privaten PR-Agentur wäre das so wirkungsvoll geglückt.

Kleiß, Herbert (1930 - 2000) österreichsicher Funktionär und Jurist

Käse macht erst geschickt die Zunge, Wein zu schmecken.

Kleist, Bernd Heinrich Wilhelm von (1777 - 1811) deutscher Dramatiker, Erzähler, Lyriker und Publizist

Wir können heute behaupten, dass wir in der Champions League spielen und zu den zehn besten Wein-Nationen der Welt zählen. Auch wenn wir die Volumina nicht haben: Bei der Qualität sind wir auf Augenhöhe mit Frankreich, Italien, Spanien und Kalifornien.

Klinger, Wilhelm (1956) österreichischer Herausgeber und Unternehmer

Wo Wein wächst, da ist auch die Lebensfreude größer.

Klink, Vincent (1949) deutscher Gastronom, Autor, Herausgeber und Verleger

Für diese amerikanische Jubelstimmung sorgen nicht zuletzt die Fernseh-Kommentatoren der NBC. Dieser Sender hat in den USA das Monopol der Übertragungsrechte und denkt gar nicht daran, teuer eingekauften Wein, und sei er noch so sauer geworden, zu Essig zu erklären.

Knüpfer, Uwe (1955) deutscher Journalist

Der Sekt-Pro-Kopf-Verbrauch ist bei uns um zwei Drittel geringer als in der BRD. Dafür trinken wir mehr Wein, die Deutschen aber wiederum mehr Schnaps. Da tritt dann die Theorie der kompensierenden Lebereffekte auf.

Kobatsch, Rudolf (1941 - 2016) österreichischer Manager

Das Jagen würzt den Schlummer, das Jagen würzt den Wein, und gegen Liebeskummer kann auch nichts besser sein.

Kobell, Franz Ritter von (1803 - 1882) deutscher Mineraloge und Schriftsteller

Am Rausch ist nicht der Wein schuld, sondern der Trinker.

Es gibt niemanden, der nicht isst und trinkt, aber nur wenige, die den Geschmack zu schätzen wissen.

Wer viel trinkt, stirbt zwar früher, hat dafür aber auch im Leben doppelt so viel gesehen.

Konfuzius (551 – 479 v. Chr.) chinesischer Philosoph

Wenn dies der beste Wein war, den sich Jim und Nora leisten konnten, oder, noch schlimmer, wenn dies ihre Vorstellung von einem guten Wein war – nun, traurig, dann wären sie besser tot.

Koontz, Dean Ray (1945) amerikanischer Schriftsteller

Ein kluger Mann hieraus ersicht
Daß Weins Genuß ihm schadet nicht;
Und item, dass ein guter Christ
In Wein niemalen Wasser gießt:
Dieweil darin ersäufet sind,
All' sündhaft Vieh und Menschenkind.
O lieber Rebenbauer,
Nimm's mit dem Wein genauer.
Das ist kein Bacharacher,
Vielmehr ein Weh und Acher.
Mir wird davon bald grauer,
Bald blauer, lauer, flauer;
Der frißt die stärkste Mauer.
Es ist ein Sauerauer,
Ein bei dem Essigbauer
Geborner Winterschauer.

Kopisch, August (1799 - 1853) deutscher Kunstexperte, Maler, Dichter und Übersetzer

Den Wein kann man wieder trinken – glaub‘ ich zumindest.

Koren, Stephan (1957) österreichischer Bankmanager

Der Wein ist die Stimme des Liedes, zum freudigen Wunder gesellt malt es sich mit glühenden Strahlen zum ewigen Frühling der Welt.

Es blinken drei freundliche Sterne
ins Dunkle des Lebens hinein,
die Sterne, die funkeln so traulich:
sie heißen Lied, Liebe und Wein

Körner, Carl Theodor (1791 - 1813) deutscher Dichter und Dramatiker

Die Amerikaner mögen Wein, aber nur, wenn er süß ist.

Gustav Philipp Körner 1809 - 1896) deutsch-amerikanischer Rechtsanwalt und Richter, Diplomat und Staatsmann

Um sich nicht nur reinen Wein einschenken zu müssen, wurde lieber gleich ein Alkoholverbot verhängt.

Kosorin, Pavel (1964) tschechischer Schriftsteller und Aphoristiker

Das sittsamste Mädchen bleibt nicht Herr seiner Augen. Wer kann den Wein im Glase hindern, daß seine Perlen aufwärts steigen?

Kotzebue, August von (1761 - 1819) deutscher Dichter

Wein ist dem glücklichen Sänger ein schnelles Pferd, als Wassertrinker bringst du jedoch nichts Rechtes zustande.

Kratinos (520 - 423 v. Chr.) griechischer Dichter

Der Waffenstillstand ist gebrochen? Das waren natürlich besorgniserregende Neuigkeiten, aber alles, woran ich denken konnte war dieser Wein und wie ich ihn nochmals verkosten konnte.

Kristian, Giles (1975) englischer Schriftsteller

Eine Idee wird als Schnapsidee landen, ist sie aus einer Bierlaune entstanden. Hat sie sich aus Weinseligkeit verbreitet, sie die Promillegrenze überschreitet.

Kühn-Görg, Monika (1942) deutsche Autorin

Wem der Wein nicht schmeckt, wie soll der den Trunkenen begreifen?

Kurz, Isolde Maria Klara (1853 - 1944) deutsche Schriftstellerin und Übersetzerin

L wie Laska

Im Wein, da liegt Wahrheit,
hat a Dichter mal g'sagt.
Seitdem ist bei mir drum
die Wahrheit stets g'fragt.

Lahm, Hermann 1948) ist ein deutscher Schriftsteller und Aphoristiker

„Ich werde Wasser trinken“ – Wasser? Aber Wasser ist nicht für Männer geeignet zum Trinken. Das ist für die Rinder, für Vögel und Tiere, aber ein Mann braucht Bier ... oder Wein, wenn man Franzose ist.

L'Amour, Louis (1908 – 1988) amerikanischer Schriftsteller

Ein Weinstock trägt drei Trauben: die erste der Freude, die zweite der Trunkenheit und die dritte der Umkehr.

Laertios, Diogenes (180 – 240) antiker Philosophiehistoriker

Der Tod: Es ist nur etwas schnell wirkendes Gift in einem Becher Wein, eine kalte Punktion an der richtigen Stelle oder eine sorgfältig durchschnittene Schlagader.

Lampo, Hubert (1920 - 2006) belgischer Schriftsteller

Ich stelle Wein für mich selbst her. Was ich nicht selbst trinken kann, verkaufe ich.

Lanson, Victor (n.d.) ehemaliger Besitzer Champagnerhaus Lanson

Es ist nicht die Wahrheit tief im Inneren des Glases, es ist die Freundschaft.

Laplanche, Jean (1924 - 2012) französischer Autor und Psychoanalytiker

Wer seinen besten Wein für eine bessere Gelegenheit aufbewahrt, ist ein Optimist – ein Pessimist trinkt ihn sicherheitshalber gleich. Ein Realist dagegen trinkt seinen besten Wein überhaupt nicht – er schenkt ihn seinem Chef.

Laub, Gabriel (1928 - 1998) polnisch-deutscher Journalist, Satiriker und Aphoristiker

Unabsehbar ist das Elend, welches durch unmäßigen Gebrauch des Weines angerichtet wird. Trunkenheit verwandelt den vernünftigen Menschen in ein unvernünftiges Tier, beraubt ihn seiner Sinne, überspannt und schwächt seines Leibes und Gemütes Kräfte, macht ihn zu allen Geschäften des Lebens untüchtig, zerrüttet alle häusliche Eintracht, zerreißt alle Bande der menschlichen Gesellschaft, hindert an allem, was gerecht, edel und der menschlichen Natur würdig ist und erzeugt unzählige Laster, vor denen alle Scham und alle Natur erzittert.

Lavater, Johann Kaspar (1741 - 1801) schweizer evangelischer Theologe, Religionsphilosoph und Schriftsteller

Spanischer Wein, mein Gott, ist überriechend, Katzenurin ist Champagner im Vergleich, das ist wie das schwefelhaltige Wasserlassen eines gealterten Pferdes.

Wenn wir den Wein trinken, treffen wir die Träume der bevorstehenden Nacht.

Lawrence, David Herbert (1885 - 1930) englischer Schriftsteller

Pferdreiten ist wie Weintrinken. Sobald man im Sattel sitzt, verliert man den Verstand und fängt man an heroisch zu träumen.

Lazarević, Laza Kuzman (1851 - 1891) serbischer Schriftsteller und Arzt

In Italien fügen sie Arbeit und Leben zum Essen und Wein.

Leach, Robin Douglas (1941 - 2018) englischer Moderator und Autor

Wo die Gastgeberin hübsch ist, ist der Wein gut.

Lebon, Jean (1941 - 1989) luxemburgischer Schriftsteller, Literaturkritiker und Politiker

Die Puritaner müssen Rebenblätter auf den Augen haben.

Lec, Stanisław Jerzy (1909 - 1966) polnischer Lyriker und Aphoristiker

Hoch die Flasche in der Linken, Hoch den Säbel in der Rechten, und den Reitern durch die Kehlen, Strömt im Tanz das süße Feuer, Strömt der herrliche Tokajer.

Lenau, Nikolaus (1802 - 1850) österreichischer Schriftsteller

Rotwein ist eine hervorragende Begleitung zu Fleisch.

Lemieux, Mario (1965) kanadischer Eishockeyspieler

Betrunkenheit ist die Kunst, voll zu sein, und voll sein, ist die Kunst, betrunken zu sein.

Léotard, Philippe (1940 - 2001) französischer Schauspieler und Sänger

Freunde, Wasser macht stumm: Lernet dies an den Fischen. Doch beim Weine kehrt sich's um: Dieses lernt an unsern Tischen. Was für Redner sind wir nicht, wenn der Rheinwein aus uns spricht. Wir ermahnen, streiten, lehren; Keiner will den andern hören.

Ob ich morgen leben werde, weiß ich freilich nicht. Aber wenn ich morgen lebe, dass ich dann trinken werde, weiß ich ganz gewiss.

Töne, frohe Leier, Töne Lust und Wein.
Töne, sanfte Leier, Töne Liebe drein.

Der trunkne Dichter lobt den Wein.

Denn ohne Lieb‘ und ohne Wein – sprich, Mensch, was bleibst du noch? – ein Stein.

Siehst Du Wein im Glase blinken, lerne von mir Deine Pflicht: Trinken kannst Du, Du kannst trinken; Doch betrinke Dich nur nicht.

Was für Redner sind wir nicht, wenn der Rheinwein aus uns spricht.

Siehst du Wein im Glase blinken,
lerne von mir deine Pflicht:
Trinken kannst du, du kannst trinken,
Doch betrinke dich nur nicht.

Mit Ehren, Wein, von dir bemeistert,
Und deinem flüß'gen Feu'r begeistert,
Stimm ich zum Danke, wenn ich kann,
Ein dir geheiligt Loblied an.

Doch wie? in was für kühnen Weisen
Werd' ich, o Göttertrank, dich preisen?
Dein Ruhm, hör' ihn summarisch an,
Ist, daß ich ihn nicht singen kann.
Wein ist stärker als Wasser, das gestehn auch seine Hasser.
Die Türken haben schöne Töchter, und diese scharfen Keuschheitswächter; wer will, kann mehr als eine freien: Ich möchte schon ein Türke sein. Wie wollt' ich mich der Lieb' ergeben. Wie wollt' ich liebend ruhig leben, und ... doch sie trinken keinen Wein; nein, nein, ich mag kein Türke sein.

Ein Trunkner Dichter leerte sein Glas auf jeden Zug. Ihn warnte sein Gefährte: Hör auf, du hast genug. Bereit vom Stuhl zu sinken, sprach der: Du bist nicht klug, zu viel kann man wohl trinken, doch nie trinkt man genug.

Lessing, Gotthold Ephraim (1729 - 1781) deutscher Schriftsteller, Kritiker und Philosoph

Der farbenblinde Betrunkene sieht immer noch, wie viel Wein er im Glas hat.

Leusse, Charles de (1976) französischer Autor

Eine echte Krise haben wir erst, wenn wir keinen Wein mehr haben, um ihn in das Wasser zu geben.

Er trank sich zu Tode mit gutem Wein. Er brauchte keinen Kranz.

Ley, Gerd de (1944) belgischer Schauspieler und Aphoristiker

Ein mit Mäßigung getrunkener Wein ist ein zweites Leben.

L'Hermite, Tristan (1601 - 1655) französischer Schriftsteller

Wenn Sie den Geschmack von Trunkenheit verstehen, teilen Sie ihn nicht mit dem Nüchternen.

Li Bo (773 - 831) chinesischer Gelehrter

Zwei Dinge, die sich gut vertragen. Wein trinken und die Laute schlagen.

Li Taibai (701 - 762) chinesischer Dichter und Lyriker

Der beste Weg, etwas über Weine zu lernen, ist das Trinken.

Lichine, Alexis (1913 - 1989) amerikanischer Weinhändler und Sachbuchautor

Der Mensch ersetzt oft durch Phantasie und Wein was ihm an Naturkräften abgeht. Das muss notwendig ganz eigene Phantasie- und Weingeschöpfe hervorbringen.

Unter den heiligsten Zeilen des Shakespeare wünschte ich, dass diejenigen einmal mit Rot erscheinen mögen, die wir einem zur glücklichen Stunde getrunkenen Glas Wein zu danken haben. Ich möchte einmal eine Bibliothek besitzen, in der alle Seiten, die einem zur rechten Zeit getrunkenen Wein ihre Entstehung verdanken, rot gedruckt sind.

Der Wasserflut entging der brave Mann,
Und baute drauf den Weinstock an,
Und öffnete dadurch den Quell der zweiten Flut,
Die mehr als jene erste tut.

Der Wein reizt zur Wirksamkeit, die Guten im Guten und die Bösen im Bösen.

Betrunkenheit hat wie das Malen einen mechanischen und einen poetischen Teil; Liebe auch.

Es wird gewiss in England des Jahres noch einmal so viel Portwein getrunken, wie in Portugal wächst.

Man führt gegen den Wein nur die bösen Taten an, zu denen er verleitet, allein er verleitet auch zu hundert guten, die nicht so bekannt werden.

Der Wein hat manche große (und gute) Tat (so wie manche böse Tat) hervorgebracht.

Der Wein wächst nur gut unter dem Schutz eines sanften Himmels, und ähnliche Seelen müssen diejenigen haben, die ihn am besten trinken.

Das alte Fass ist ausgetrunken,
der Himmel steckt ein neues an.
Wie mancher ist vom Stuhl gesunken,
der nun nicht mit uns trinken kann.
Doch ihr, die ihr wie wir beim alten
mit so viel Ehren ausgehalten,
geschwind die alten Gläser her
und setzt euch zu den neuen her.

Essen hat wahrscheinlich einen großen Einfluss auf die Gesundheit des Mannes. Wein übt einen sichtbareren Einfluss aus, Essen macht es zwar langsamer, aber genau so bestimmend.

Lichtenberg, Georg Christoph (1742 - 1799) deutscher Mathematiker, Naturforscher, Hochschullehrer und Aphoristiker

Als Mittel der Erquickung, der Befeuerung, der Korrektion und Ausgleichung und als Schutz gegen vorübergehende Störungen wird der Wein von keinem Erzeugnis der Natur und Kunst übertroffen.

Liebig, Justus Freiherr von (1803 - 1873) deutscher Chemiker und Hochschullehrer

Côte Rôtie war meine große Liebe. Wenn ich ihn trank, glaubte ich jene buchstäblich bratende, doch wundersam grüne Hanglage vor mir zu sehen, knisternd vor Genüsslichkeit wie die Haut eines Entenbratens, während kleine weinfarbene Teufelchen kleine Nymphen die dampfenden Bäche des Weines entlangjagten.

„Subtil“, dieses ausgelutschte Weinkennerwort, ist ein Klischee, das man nur selten auf Rhôneweine angewandt findet; ihr Reiz ist ein vollkommen eindeutiger.

Liebling, Abbott Joseph (1904 - 1963) amerikanischer Journalist

Eines nachts, als ich lange gearbeitet hatte, trank ich eine Flasche frischen Beaujolais und schlüpfte neben meiner Geliebten ins Bett. Bei Mondschein spitzte ich meine Lippen und flüsterte in ihr Ohr: „Moelleux, Moelleux“ – und sie drehte durch und schrie: „Was zur die Hölle ist los mit dir?“

Livingston, A.D. (n.d.) amerikanischer Kochbuchautor

Was an dem Manne sei, weist seiner Augen Schein, sein Amt, ein Beutel Geld und dann ein Becher Wein.

Wahrheit steckt in dir, o Wein! Wie will der denn scheltbar sein, der, die Wahrheit zu ergründen, sich beim Bacchus viel lässt finden?

Die Freundschaft, die der Wein gemacht, wirkt wie der Wein, nur eine Nacht.

Ehre, Geiz, Leid, Wein und Liebe sind des Menschen Lebensdiebe.

Würfel, Weiber, Wein, bringen Lust und Pein.

Logau, Friedrich von (1604-1655) deutscher Dichter

Ich kenne zwei Dinge, die nicht älter werden: der Wein und einen Liebhaber.

Lope de Vega (1562 - 1635) spanischer Dichter

Ich mag süße Weine. Meine Vorstellung war schon immer, dass man in jungen Jahren süße Weine mag, und später wirst du erfahrener und trinkst trockene Weißweine. Hinterher wirst du sachkundiger und trinkst schwere Rotweine. Und wenn du alt bist, trinkst du wieder süße Weine.

Lowenthal, Sally (1935) amerikanische Moderatorin

Bietet man den Wein vielen Gästen an, geht er bald zu Ende.

Lü Bu We (um 300 - 235 v. Chr.) chinesischer Kaufmann und Reichskanzler

Wein ist geboren, er wurde nicht erfunden, und wie bei einem alten Freund überrascht er uns immer wieder durch seine konstante und unerwartete Entwicklung.

Lucia, Salvatore Pablo (1901 - 1984) amerikanischer Mediziner und Hochschullehrer

Auch zu viel klarer Wein trübt den Verstand.

Bei einem Glas ausländischem Roten lässt es sich gut über die roten Ausländer schimpfen.

In vino veritas: Warum werden dann durch Alkohol Gehirnzellen vernichtet?

Ludin, Walter (1945) schweizer Theologe, Priester, Journalist und Autor

Für die Lebenden Wasser, für die Toten Wein. Diese Regel gilt für Fische.

Der Wein ist gesegnet und hat ein Zeugnis in der Schrift, das Bier aber gehört zur menschlichen Überlieferung.

Unser deutscher Teufel muss ein guter Weinschlauch sein und muss Sauf heißen.

Für die Toten Wein, für die Lebenden Wasser, das ist eine Vorschrift für Fische.

Wer nicht liebt Wein, Weib und Gesang, der bleibt ein Thor sein Leben lang.

Bier ist Menschenwerk, Wein aber ist von Gott.

Der Wein ist stark, der König ist stärker, die Frauen sind noch stärker.

Der Wein ist unter allen Früchten die alleredelste in der ganzen Welt, der das Herz des Menschen erquickt und erfreut.

Wein und Weiber betören die Weisen.

Es muß ein jeglich Land seinen eigenen Teufel haben, Welschland seinen, Frankreich seinen. Unser deutscher Teufel wird ein guter Weinschlauch sein und muß Sauf heißen, daß er so durstig und höllisch ist, der mit so großem Saufen Weins und Biers nicht kann gekühlt werden.

Wenn ihr angefochten werdet, durch Trübsal und Verzweiflung oder durch eine Gewissensnot, dann esst, trinkt, sucht Unterhaltung wenn euch die Gedanken an ein Mädchen aufhelfen, so tut so.

Der Wein ist stark, der König ist stärker, die Weiber noch stärker, die Wahrheit am allerstärksten.

Jugend ist wie ein Most. Der lässt sich nicht halten. Er muss vergären und überlaufen.

Luther, Martin (1483 - 1546) deutscher Theologe, Kirchenpolitiker und Reformator

So wie der beste Wein das sauerste Essig wird, so wird die tiefste Liebe zum unerbittlichen Hass.

Lyly, John (1553 - 1606) englischer Schriftsteller

Wenn Beschwichtigungen Schmerzen lindern könnten, würde sich niemand jemals die Mühe machen, Trauben zu pressen.

Lynch, Scott (1978) amerikanischer Autor

M wie Merzling

Wein trinken war historisch gesehen nicht auf Leute beschränkt, die es sich leisten konnten. Die westliche und europäische Kultur hat es zu einer Elitesache gemacht. Winzer waren Bauern und Feldarbeiter. Alltägliche und ganz normale Menschen. Und genau denen sollte es Spaß machen und alle sollten Zugang zu Wein haben.

Am Ende des Tages ist es nur Traubensaft. Niemand braucht das, was ich herstelle. Das Letzte, was sie brauchen, ist ein weiteree Wein im Regal. Das macht mich dankbar für die Leute, die es dann genießen.

Wein machen und Wein trinken ist für Afroamerikaner und andere in der Diaspora nichts Neues. Südafrika hat eine dreihundertjährige Geschichte im Anbau, Ernten und Destillieren von Trauben zu Wein. Der gesamte afrikanische Kontinent hat eine Geschichte in der Weinherstellung. In diesem Land bewirtschafteten Sklaven die Weinberge von Thomas Jefferson und anderen Winzern.

Leuten sollten mehr Spaß mit Wein haben. Eine Flasche sollte wie alle andere Gewürze auf dem Esstisch stehen.

Mack, André Hueston (1972) amerikanischer Winzer und Autor

Der Wein erfreut des Menschen Herz.

Maditinos, Dimitrios (1958) griechischer Hochschullehrer

Auch vom Rotwein kann man blau werden.

Maggauer-Kirsche, Anke (1948) deutsche Lyrikerin und Aphoristikerin

Wenn es darum geht, mit all dem Marketingrauch einen Wein auszuwählen, sind nur zwei Sachen entscheidend: erstens, wie die Trauben angebaut worden sind, und zweitens, ob Ihnen den Wein schmeckt oder nicht. Der Rest ist weitgehend Bullshit.

Wir müssen die Mittelmäßigkeit kennenlernen, um Größe bemerken zu können.

Indem ich mich mit Wein auseinandersetzte, lernte ich, dass es einen sehr großen Unterschied zwischen Erde und Schmutz gab: Schmutz ist für die Seele das, was Zombies für Menschen sind. Der Boden ist voller Leben, während der Schmutz frei davon ist.

Am Ende des Tages zählt nie der Wein, sondern der Moment. Es sind immer die Leute.

Die meisten Leute, die Sie als Weinkenner betrachten, können in der Regel nur eine Sache gut: Winzer können gut Wein herstellen, Sommeliers können gut darüber reden und Weinjournalisten können es gut kostenlos trinken.

Magny, Olivier (n.d.) französischer Sommelier, Autor und Unternehmer

Einige Durstigen sind alle Betrunken vorzuziehen.

Mailhot, Michèle (1932 - 2009) kanadische Schriftstellerin

Je älter ein Mensch an Jahren ist, desto nützlicher ist der Wein für ihn. Von allen Menschen am nötigsten haben ihn die Greise.

Maimonides, Moses (1138 - 1204) andalusisch-nordafrikanischer jüdischer Philosoph, Rechtsgelehrter und Arzt

Ein echter Säufer mag keinen Wein, er sucht nur ein Mittel, betrunken zu werden.

Malebranche, Nicolas (1638 - 1715) französischer Philosoph

Ich liebe Schwänze und Champagner. Das ist mein Lieblingsessen.

Manly, D.C. (n.d.) amerikanischer Autor

Jeder kann eine Mischung voller Komplexität herstellen, aber ein Sortenreiner mit komplexen Schichten ist ein Zeichen eines Meisterwinzers.

Die einfachste Definition einer großen Flasche Wein ist, wenn Sie traurig sind, weil die Flasche leer ist

Margiotta, Tony (n.d.) amerikanischer Weinhändler

Die Leidenschaft für Wein ist komplex und es sind viele Symptome damit verbunden: die Freude am Teilen und Kennenlernen ist eine davon. Ganz zu schweigen von dem Interesse, für Wein zu reisen, das heißt, die Weinregionen zu entdecken, per Definition immer schön, Winzer, Köche und andere Weinfreunde zu treffen.

Der gute Wein ist jedes Mal eine schöne Sinfonie, in vier Sätzen nach den Jahreszeiten aufgeführt.

Der Boden, das Terroir, das Klima und die Rebsorten machen die Arbeit, während der Winzer als Solist das Tempo vorgibt.

Margot, Philippe (n.d.) schweizer Journalist

Alleine trinken bedeutet, das Getränk mit sich selbst zu teilen.

Marguetel de Saint-Denis de Saint-Évremond, Charles (1613 - 1703) französischer Militär, Schriftsteller, Moralist und Freidenker

Es ist das Bündnis von Himmel und Erde, das den Wein macht. Die ganze Technik dient nur der Geburt.

Marionnet, Henry (n.d.) französischer Winzer

Die Weinherstellung ist eine künstlerische Kreation, in der man sich mit einer Vielzahl von Stilen, Farben und Inspirationen auseinandersetzt. Daher kann ein guter Wein, wie gute Kunst, Emotionen und Empfindungen hervorrufen und ein Erlebnis schaffen, das einen bleibenden Eindruck hinterlässt.

Morassutti, Giovanni (1980) italienischer Schauspieler

Was nützen Bücher, wenn sie nicht gelesen werden, und Weine, wenn man nicht betrunken wird?

Marta, Manuel Augusto Cardoso (1882-1958) portugiesischer Schriftsteller und Journalist

Den Landbesitz hast du allein,
dein Barvermögen ist ganz dein,
allein besitzt du Goldpokale,
allein die Alabaster-Schale.
Den Massiker hast du allein,
genauso den Käkuber-Wein

Dein Herz hast ganz allein nur du
und gleich noch den Verstand dazu.
Das alles hast du ganz allein,
glaub nicht etwa, ich sage nein –
Candid, jedoch dein Eheweib
ist aller Welt ein Zeitvertreib.

Martialis, Marcus Valerius (40 - 104) römischer Dichter

Man ist nicht betrunken, solange man noch am Boden liegen kann, ohne sich festhalten zu müssen.

Martin, Dean (1917 - 1995) amerikanischer Sänger, Schauspieler und Entertainer

Es gibt keinen Wein, der so süß ist wie der Wein eines Feindes.

Wein macht alles möglich.

Martin, George R.R. (1948) amerikanischer Schriftsteller, Drehbuchautor und Produzent

Ich brauche Kaffee um die Dinge zu ändern, die ich ändern kann … und ich brauche Wein, um die Dinge zu akzeptieren, die ich nicht ändern kann.

Wein ist für Frauen wie Klebeband für Männer, es richtet alles.

Masse, Tanya (n.d.) kanadische Autorin

Ein Gourmetessen ohne ein Glas Wein fühlt sich tragisch an für mich.

Mattea, Kathleen Alice (1959) amerikanische Sängerin

Wein ist eine Leidenschaft, ein überraschend komplexes Getränk, ein kulturelles Symbol und eine Quelle der Freude.

Matthews, Thomas Stanley (1824 - 1889) amerikanischer Jurist und Politiker

Die Sommer von gestern brennen in den Flaschen von Yquem, und die Sonnenuntergänge der letzten Jahre erröten die Gruaud-Larose.

Das Geräusch des Korkens erinnert mich an das Hochgehen des Vorhangs bei einer Premiere, wenn nur Gott allein weiß, was uns da erwartet.

Mauriac, François (1885 - 1970) französischer Schriftsteller

Wein ist wie Regen: Wenn er auf Schlamm fällt wird dieser noch schmutziger, aber wenn er guten Boden trifft, erweckt er ihn zu Schönheit und Blüte.

Mayer, John Clayton (1977) amerikanischer Songwriter und Gitarrist

Der größte Teil des weltweiten Weins wird für 2 Dollar die Flasche verkauft. Ziemlich viel verkaufen für 4 bis 5 Dollar die Flasche, und es gibt viel die für 10 Dollar die Flasche verkaufen. Dann gibt es Weine, die für 300 Dollar die Flasche verkauft werden. Was die Welt braucht ist Bier, was 5 Dollar die Flasche wert ist.

Maytag, Frederick Louis III (1937) amerikanischer Unternehmer

Worum geht es bei Wein, Harry? Was meinst Du? Was heilt uns? Es wurde gemacht um die Götter zu verherrlichen. Und um die Idioten zu verdummen.

McCann, Colum (1965) irischer Schriftsteller, Journalist und Drehbuchautor

Kennen Sie seit Homers Zeiten einen großen Dichter, der jemals die höheren Sphären der Menschheit beschrieben hat, der den Gebrauch von Wein nicht würdigte?

McDougall, James Alexander (1817 - 1867) amerikanischer Jurist und Politiker

Wein, bald muss ich dich loben und bald dich tadeln; im Ganzen
Kann ich dir Feind nicht sein, aber auch lieben dich nicht.
Du bist trefflich und schlimm: Wer wollte geringe dich achten?
Wer hochschätzen und doch wahren ein weises Gemüt?

Immer erfreut mich der Wein, nur eines gefällt mir an ihm nicht,
Dass, wenn berauscht ich bin, gegen den Feind er mich führt.
Aber, sobald, wer sich oben befand, auf den Boden hinabkommt,
Ist's zu beenden den Trunk Zeit, und nach Hause zu geh'n.

Megara, Theognis von (um 540 - 500 v. Chr.) altgriechischer Schriftsteller und Dichter

Der Wein ist eine Medizin, wenn er aber ohne eine Manier getrunken wird, ist er ein Gift. Der Wein ist eine Erquickung des Herzens, wenn er aber ohnmäßig getrunken wird, ist er ein Tod der Seele.

Willst du heiraten, so besinn dich fein sonst bekommst du Essig statt Wein.

Megerle, Johann Ulrich (1644 - 1709) deutscher Geistlicher, Prediger und Schriftsteller

Man sollte einen schlechten Vortrag augenblicklich so zurückweisen können wie einen Wein, der nach Korken schmeckt.

Meier, Christian (1929) deutscher Althistoriker

Bacchus, der: Freundlicher kleiner Gott, dessen Anbetung nur geringe Pein, aber dafür viel Freude bereitet.

Mekelburg, Karsten (1962) deutscher Satiriker

Lieber mit einem nüchternen Kannibalen schlafen als mit einem betrunkenen Christen.

Melville, Herman (1819 - 1891) amerikanischer Schriftsteller, Dichter und Essayist

Auf dem Tisch ist es wie auf einem Schiff, es kann keine zwei Kapitäne geben, entweder es ist der Wein oder der Teller.

Meneau, Marc (1943) französischer Koch

Wenn wir ins Weinglas tief hineingucken, wird‘s am Ende unser eignes Vergrößerungsglas.

Menzel, Wolfgang (1798 - 1873) deutscher Literaturhistoriker, Literaturkritiker und Schriftsteller

Wein ist in meinen Adern und ich kriege es nicht raus.

Meredith, Oliver Burgess (1907 - 1997) amerikanischer Schauspieler, Regisseur und Autor

Wein hat oftmals mehr Charakter als manche Menschen, die ihn trinken.

Manche Weine sind von so schlechter Qualität, dass man annehmen könnte, das Wort ‘Wein‘ käme von ‘Weinen‘.

Zu viel Wein bewirkt oft, dass man das Denken durch Worte ersetzt.

Viele Weine sind so stark geschwefelt, dass man annehmen muss, sie seien für des Teufels Schwefelschlund gemacht.

Meurer, Willy (1934) deutsch-kanadischer Kaufmann, Aphoristiker und Publizist

Das beste Schlankheitsmittel: morgens ein Ei und ein Glas Rotwein, mittags zwei Eier und zwei Glas Rotwein, abends drei Eier und den Rest der Flasche.

Meysel, Inge (1910 - 2004) deutsche Schauspielerin

Ich esse Wein und Brot, und es sind Feste.

Michelangelo Buonarroti (1475 - 1564) italienischer Maler, Bildhauer, Baumeister und Dichter

Lords sind am Vornehmsten mit Ihrem Wein.

Milton, John (1608 - 1674) englischer Dichter und Staatsbediensteter

Ich hätte nichts gegen die Schule gehabt, wenn sie dir wichtige Dinge beibringen würde, so wie man zum Beispiel guten Sex hat oder welche Weine die besten sind … aber aus irgendeinem Grund wollten sie mir unbedingt Algebra beibringen.

Mitchell, Benjamin (1980) neuseeländischer Schauspieler

Sie ertränken Ihre Sorgen in Alkohol? Passen Sie auf, die können schwimmen.

Mirande, Yves (1876 - 1957) französischer Drehbuchautor, Regisseur, Schauspieler und Produzent

Selbstgespräche gelingen besser, wenn man sich vorher ein wenig reinen Wein einschenkt.

Wer die Wahrheit im Wein finden will, darf die Suche nicht gleich beim ersten Glas aufgeben.

Mitsch, Werner (1936 - 2009) deutscher Aphoristiker

Fernsehen ist ebenso wenig schädlich, wie Wein schädlich ist; krankhaft ist lediglich die Unfähigkeit, mit dem lustversprechenden Angebot umgehen zu können.

Mitscherlich, Alexander Harbord (1908 - 1982) deutscher Arzt, Psychoanalytiker, Hochschullehrer und Schriftsteller

Wein ist trinkbares Sonnenlicht. Es ist der herrlichste Sommertag, den man sich vorstellen kann, in einer Flasche. Wein kann eine Melodie in einem Kristallglas sein, aber es kann auch eine Kakophonie in einem schmutzigen Tumbler sein, oder eine regnerische Herbstnacht, oder ein Trauermarsch, der Ihre Zunge verbrennt.

Moers, Walter (1957) deutscher Comic-Zeichner, Illustrator und Schriftsteller

Wein ist Leidenschaft für mich. Es sind Familie und Freunde. Es ist die Wärme des Herzens und die Großzügigkeit des Geistes. Wein ist Kunst. Es ist Kultur. Es ist das Wesen der Zivilisation und die Kunst des Lebens.

Wein ist seit rund siebentausend Jahren Teil der zivilisierten Welt. Es ist das einzige Getränk, das den Körper, die Seele und den Geist des Menschen nährt und gleichzeitig den Geist anregt.

Einen guten Wein zu machen, ist eine Fähigkeit. Exzellenter Wein ist eine Kunst.

Mondavi, Robert Gerald (1913 - 2008) amerikanischer Winzer

Dem Verwöhnten schmeckt der Wein fade, dem Gesunden kräftig, dem Verdurstenden herrlich: Jeder übertreibt in seiner Richtung.

Wer nicht durstig ist, kann sich nicht am Trinken erfreuen.

Die Deutschen trinken jeden Wein fast gleich gern. Ihr Ziel ist es, sich volllaufen zu lassen; das ist ihnen wichtiger, als hinter den Geschmack zu kommen.

Die medizinische Kunst ist nicht so beschränkt, dass man nicht die Erlaubnis für das erhalten kann, was man gern tun möchte. Wenn Ihr Arzt es für unzuträglich hält, dass Sie schlafen, Wein trinken oder eine besondere Speise essen, machen Sie sich keine Sorgen. Ich werde einen anderen für Sie auftreiben, der mit ihm nicht übereinstimmt.

Auf die Frage an Diogenes nach seinem Lieblingswein, antwortete er, wie ich es getan hätte: den von jemand anderem.

Es ist manchmal nicht so peinlich, seines Weinbergs verlustig zu gehen, als darum zu prozessieren.

Man vergleicht die Trunkenheit mit dem Most: Wie dieser, wenn er im Fasse gärt, alles nach oben treibt, was in der Tiefe sitzt, so lässt der Wein in denen, die zu viel getrunken haben, die innersten Geheimnisse zutage treten.

Montaigne, Michel Eyquem de (1533 - 1592) französischer Jurist, Philosoph und Humanist

Freund von dreißig, Mädchen von fünfzehn und einen Wein, der ein Jahr alt ist.

Montesquiou-Lasseran-Massencôme, Blaise de (1502 - 1577) französischer Historiker und Colonel général

Ohne Wein essen wir, mit Wein dinieren wir.

Montgomery, Scott L. (1951) amerikanischer Autor

Ihr versucht uns Informationen zu entlocken, die nicht für euch bestimmt sind? Mit Schokolade und Wein? Ihr Amateure.

Moore, Moira J. (1971) kanadische Autorin

Es ist manchmal nicht so peinlich, seines Weinbergs verlustig zu gehen, als darum zu prozessieren.

Das Trinken ist fast das letzte Vergnügen, das uns die Jahre nehmen.

Montaigne, Michel Eyquem de (1533 - 1592) französischer Jurist, Philosoph, Humanist und Begründer der Essayistik

Ein schlechter Schriftsteller wird manchmal ein guter Kritiker, genauso wie man aus einem schlechten Wein einen guten Essig machen kann.

Montherlant, Henry de (1895 - 1972) französischer Schriftsteller, Dramatiker und Essayist

Der französische Rotwein hat in England immer einen Tintengeschmack; in Frankreich hat er einen Geschmack nach Sonne.

Obwohl Jugend uns Liebe und Rosen gab, lässt Alter uns immer noch Freunde und Wein.

Moore, Thomas (1779 - 1852) irischer Dichter, Schriftsteller, Übersetzer und Balladen-Sänger

Der Aperitif ist das Abendgebet der Franzosen.

Morand, Paul (1888 - 1976) französischer Erzähler, Diplomat

Jeder muss sich selbst austrinken wie einen Kelch.

Morgenstern, Christian (1871 - 1914) deutscher Dichter, Schriftsteller und Übersetzer

Wein ist Poesie in Flaschen.

Morgenstern, Erin (1978) amerikanische Autorin

Alkohol ist eine Möglichkeit, auf das Leben mit einer Überbevölkerung zu reagieren.

Morrison, James Douglas (1943 - 1971) amerikanischer Sänger, Songwriter und Lyriker

Mit Wein vergessen wir alles Leid, ohne Wein ist der Mann halbtot.

So lang ich leb, lieb ich den Wein
Denn er vertreibt Furcht und Pein,
Verjagt Melancholey und Schmerzen.

Wein bringt Witz und Brüderlichkeit, der Wein zieht viele Freunde an, das Wasser lässt sie gehen.

Moscherosch, Johann Michael (1601 - 1669) deutscher Staatsmann, Satiriker und Pädagoge

Wenn der Champagner einmal verspritzt ist, bekommt man ihn nicht mehr in die Flasche zurück.

Mosley, Max Rufus (1940) britischer Sportfunktionär und Anwalt

Wichtiger als die Essensbegleitung ist die Person, mit der man den Wein trinkt.

Moueix, Christian (1946) französicher Winzer

Nur ein guter Wein wird mit den Jahren besser.

Mühlemann, Daniel (1959) deutscher Aphoristiker und Übersetzer

Allein mein Durst vermehrt sich nur bei jedem vollen Becher. Das ist die Natur der echten Rheinweinzecher.

Müchler, Karl Friedrich (1763 - 1857) deutscher Schriftsteller und Dichter

Das Essen, nicht das Trinken, bracht uns ums Paradies, Adam musst weiter hinken, ob seinem Apfelbiss. Der Wein gibt einem Jeden, den Nachgeschmack vom Eden.

Stößt du an ein leeres Fass,
dröhnend wälzt sich's um und um;
ist mit Wein es angefüllt,
bleibt es liegen fest und stumm.

Müller, Wilhelm (1794 - 1827) deutscher Liederdichter

Sie lebte sparsam, nur bei ihren Mahlzeiten gab sie bewusst Geld aus. Bei der Qualität ihrer Lebensmittel machte Sie keine Kompromisse und sie trank nur Weine bester Qualität.

Murakami, Haruki (1949) japanischer Autor

Das Bouquet ist das verlockendste Parfüm der Welt.

Murphy, Brian Trevor John (1932) englischer Schauspieler und Comedian

Es ist eine verräterische Freude, um seine Seele mit dem Wein der Sinne zu berauschen. Komm schon, es lebe die Liebe und die Trunkenheit. Ich mag Wein, Spiele und Mädchen.

Musset, Alfred de (1810 - 1857) französischer Schriftsteller

N wie Nobling

Trinke drei Jahre lang Wein, und du hast kein Geld.
Trinke drei Jahre lang keinen Wein, und du hast auch kein Geld.

Was haben Milch, Rotwein und schwarzer Kaffee zu 80% gemein? Wasser. Ein Beispiel dafür, dass das Wesentliche nicht von der Majorität bestimmt wird.

Nahr, Helmar (1931 - 1990) deutscher Mathematiker und Wirtschaftswissenschaftler

Zu viel Chablis kann dich zu Whablis machen.

Nash, Frederic Ogden (1902 - 1971) amerikanischer Lyriker

Wer hat Kummer? Wer hat Schmerzen? Die, die nicht nein antworten, deren Füße zur Sünde neigen, verweilen beim Wein.

Nation, Carrie Amelia (1846 - 1911) amerikanische Aktivistin der Abstinenzbewegung

Was ist Blut außer dem Wein des Lebens?

Nazarian, Vera (1966) armenisch-amerikanische Autorin

Meine Liebe, plötzlich ist deine Hüfte wie die Kurven meines randvollen Weinglases, deine Brust ist wie einWeintrauben, deine Haare scheinen wie das Licht von Alkohol, Deine Brustwarzen, die Trauben, dein Nabel, ein Siegel auf das Fass deines Bauches,

und deine Liebe ist wie die Kaskade von einem unlöschbaren Wein,
der Glanz, der auf meine Sinne fällt, die irdische Pracht des Lebens.

Der erste Wein hat eine rosa Farbe, ist süß mit der Süße eines Kindes,
der zweite Wein ist kräftig, wie die Stimme eines Seemannes,
der dritte Wein ist ein Topas, eine Mohnblume und ein Feuer in einem.

Wenn wir miteinander reden, mag ich das Licht einer intelligenten Flasche Wein auf dem Tisch.

Neruda, Pablo (1904 - 1973) chilenischer Dichter und Schriftsteller

Ich muss zugeben, dass ich es nicht sauer mag: gib mir ein Glas von etwas Süßem ... Also werde ich einen schönen Tokaj trinken.

Nerval, Gérard de (1808 - 1855) französischer Schriftsteller

Der schönste Lagerplatz für Wein ist die Erinnerung.

Neumayer, Ludwig (n.d.) österreichischer Winzer

Der Wein ist Arznei der Welt.

Nezāmi (1141 - 1209) persischer Dichter

Das Christentum und der Alkohol sind die beiden größten Vertreter der Korruption.

Wessen Väter es mit Weibern hielten und mit starken Weinen und Wildschweinen – was wäre es, wenn der von sich Keuschheit wollte? Eine Narrheit wäre es.

Nietzsche, Friedrich Wilhelm (1844 - 1900) deutscher Philosoph

Die Engländer scheinen zu glauben, Wein trinken sei wie Ehebruch, etwas, was man selten und im Ausland macht.

Nicholson, William Benedict (1948) englischer Drehbuchautor, Dramatiker und Schriftsteller

Für diejenigen von uns, die glauben, dass alles Leben heilig ist, dass jeder Krümel Brot und jeder Schluck Wein Eucharistie ist, eine Erinnerung, ein Aufruf zum Bewusstsein der Heiligkeit genau dort, wo man gerade ist.

Niequist**,** Shauna (n.d.) amerikanische Schriftstellerin

Wein ist das Gesundheitsgetränk der Denkenden.

Norrie, Philip (1953) australischer Autor

Traube war ich,
Getreten bin ich,
Wein werde ich.

Notker III. Labeo (950 - 1022) deutscher Mönch und Übersetzer

Der Wein schlich zwischen den Schüsseln und Blumen umher, schüttelte seine goldenen Flügel und stellte bunte Tapeten zwischen die Welt und die Gäste.

Novalis (1772 - 1801) deutscher Dichter

Ich brauche ein Glas Wein, um mich für dieses Gespräch zu stärken.

Novik, Naomi (1973) amerikanische Schriftstellerin

O wie Ortega

Pinot Noir, das blaue Blut der bacchischen Genealogie.

Oberlé, Gérard (1945) französischer Schriftsteller und Bibliograph

Dieser Wein ist großartig. Dieses Gift ist großartig. Es ist schön, einen guten Wein zum Trinken und ein gutes Gift zum Töten zu haben, nicht wahr?

O‘Brien, Michael (1828 - 1862) irischer Schriftsteller

Von alters her haben unsere Dichter es vielmals gesagt: Es kommt eine Zeit wo man die Iren mit Wein und Port auf dem Tisch antrifft: und Engländer, barfuß, betteln um die Rinde von einem Brot.

O’Casey, Seán (1880 - 1964) irischer Dramatiker und Freiheitskämpfer

Es braucht viel gutes Bier, um einen guten Wein zu machen.

O’Donnell, Brian (n.d.) amerikanischer Winzer

Was ich nicht verstehe, ist, warum man in Paris den schlechten Wein in großen Gläsern trinkt und den guten Wein in Kleinen.

Offenbach, Jakob (1819 - 1880) deutsch-französischer Komponist und Cellist

Warum ich noch nicht gegessen habe, was du gekocht hast, Peg? Nun, ich konnte mich noch nicht entscheiden, welcher Wein zu diesem Abfall passt.

O'Neill, Edward Leonard (1946) amerikanischer Schauspieler.

Die Franzosen haben nie großen Philosophen hervorgebracht. Großartige Weine womöglich, aber keine Philosophen.

O'Leary, Michael Kevin (1961) irischer Geschäftsmann

Glücklich ein Land wie Frankreich, das seine Nacktheit mit einem Rock aus Weinreben bedecken kann.

Orizet, Louis (1913 - 1998) französischer Agraringenieur, Autor, Bürgermeister und Weinvermarkter

Lehne niemals Wein ab. Es ist eine seltsame, aber allgemein anerkannte Meinung, dass jeder, der keinen Wein trinkt, ein Alkoholiker sein muss.

O‘Rourke, Patrick Jake (1947) amerikanischer politischer Satiriker, Journalist und Schriftsteller

Liegst Du bei frohem Gelage selig zur Seiten der Schönen, bitte die Götter, dass der Wein nicht dir die Sinne verwirrt. Mächtige Trunkenheit stört, sie schadet und ekelt. Ein winziges Schwips'chen jedoch, mehr noch gemimt als getrunken, hilft dir zum Spiele.

Wein erhöht den Geist und macht ihn geneigt zur Entflammung, und beim vollen Pokal schwinden die Sorgen dahin.

Die Sorge flieht vorm Wein, wird jedoch ganz weggespült.

Wein erzeugt bei Männern Mut und mehr Leidenschaft.

Ovid, Publius Ovidius Naso (43 v. Chr. - 17 n. Chr.) römischer Dichter

Einfach gelobt sei der Wein, doppelt gelobt das Bier.
Doppeltheit ist gut, Einfachheit das Beste.

Owen, John (1616 - 1683) walisischer Pfarrer und Theologe

P wie Perle von Alzey

Wenn der Wein abgefüllt ist, muss er getrunken werden, insbesondere, wenn es ein guter ist.

Pagnol, Marcel (1895 - 1974) französischer Schriftsteller, Dramatiker und Regisseur

Ich kann keinen Wein ohne das Gift des Alkohols anbieten

Palmer, Ada (1981) amerikanische Historikerin, Autorin und Komponistin

Ein Mensch trinkt, um in höherem Maß das zu werden, was er schon ist.

Papajorgis, Kostis (1940) griechischer Philosoph

Drei Dinge werde ich nie erlangen: Neid, Zufriedenheit und ausreichend Champagner.

Ich trinke gern Martinis, doch zwei maximal, denn nach dreien lieg ich unterm Tisch und nach vieren unterm Wirt.

Parker, Dorothy (1893 - 1967) amerikanische Schriftstellerin, Theater- und Literaturkritikerin

Zu viel und zu wenig Wein. Gib dem Menschen keinen Wein, so kann er die Wahrheit nicht finden; gib ihm zu viel und das Ergebnis ist das gleiche.

Pascal, Blaise (1623 - 1662) französischer Mathematiker, Physiker, Literat und Philosoph

Der Wein kann mit Recht als das gesündeste und hygienischste Getränk bezeichnet werden.

Eine Flasche Wein enthält mehr Philosophie als alle Sachbücher.

Eine Mahlzeit ohne Wein ist wie ein Tag ohne Sonnenschein.

Pasteur, Louis (1822 - 1895) französischer Physiker, Chemiker und Biochemiker

Männer sind wie Wein – einige werden zu Essig, aber die Besten werden im Alter noch besser.

Paul II, Johannes (1920 - 2005) polnischer Papst

Der Wein wirkt stärkend auf den Geisteszustand, den er vorfindet; der Wein macht die Dummen dümmer und die Klugen klüger.

Die Kunst ist zwar nicht das Brot, aber der Wein des Lebens.

Paul, Jean (1763 - 1825) deutscher Dichter und Schriftsteller

O, der Wein einer Frau vom Himmel wurde geschickt,
perfekter als alles, was ein Mann erfinden kann.

Es gibt Stunden der Ruhe und Stunden der Schlaflosigkeit, Nächte der Nüchternheit und Nächte der Trunkenheit.

Wein ist das stärkste Wahrheitsserum. Alle, die ein glückliches Leben führen wollen, sollten komplett darauf verzichten … außer natürlich, man lebt alleine.

Wein gibt dir Ideen, wohingegen Champagner einem Strategien gibt.

Wir schauen hoch, um zu sehen, ob es Tag oder Nacht ist,
ob die Sternen hell erleuchten und der Mond scheint,
dann rauchen wir und trinken göttlichen Wein,
und wenn wir dann den warmen Atemzug der Sonne spüren,
kochen wir Kaffee und bereiten uns aufs Essen vor.

Payne, Roman (1977) amerikanischer Schriftsteller und Dichter

Der Saft der Traube ist die flüssige Quintessenz konzentrierter Sonnenstrahlen.

Peacock, Thomas Love (1785 - 1866) britischer Romancier, Dichter und Dramatiker

Nichts ist so effektiv um jemanden jung und voller Wollust zu halten, als seinen anspruchsvollen Gaumen mindestens einmal am Tag gründlich zu befriedigen.

Pellegrini, Angelo (1904–1991) italienischer Schriftsteller

Ein Trunkenbold sagt alles, insbesondere die Wahrheit.

Pennac, Daniel (1944) französischer Schriftsteller

Gott sei Dank. Seit ich mit dem Weintrinken aufgehört habe, fühle ich mich viel besser und kümmere ich mich auch besser um mein Geschäft. Ich gebe weniger Geld aus und verliere weniger in nutzloser Gesellschaft.

Pepys, Samuel (1633 - 1703) englischer Abgeordneter und Tagebuchautor

Wein ist die Krankenschwester der Alten.

Pergamon, Galenos (130 - 210) griechischer Arzt und Anatom

Was ist des Lebens höchste Lust?
Die Liebe und der Wein.

Wer dich verschmäht, du edler Wein, der ist nicht wert, ein Mensch zu sein.

Wer niemals einen Rausch gehabt, der ist kein braver Mann;
Wer seinen Durst mit Achteln labt, fang lieber gar nicht an.

Perinet, Joachim (1763 - 1816) österreichischer Schauspieler und Schriftsteller

Brüder, kommt schnell, ich trinke Sterne.

Pérignon, Pierre, „Dom Pérignon“ (1638 - 1715) französischer Mönch des Benediktinerordens

Man sagt, der Hund sei der beste Freund des Menschen. Das ist falsch, ich sage, es ist der Korkenzieher.

Peroni, Jean-Jacques (1955) französischer Humorist

Falls der Burgund ein Geschenk Gottes ist, dann ist Bordeaux eine Kreation des Menschen.

Das Besondere an Wein ist, dass es eines der wenigen Produkte ist, die mit zunehmendem Alter hinzugewinnen, und außerdem ist es ein großer Vektor der Kommunikation.

Was macht das größte Vergnügen? Über Weine reden oder Worte trinken.

Perrin, Jacques (1941) französischer Schauspieler, Regisseur und Produzent

Trinken wir Wein, weil es ein Fest gibt? Oder trinken wir Wein, weil wir Schmerzen haben? Aber bei beiden bleibt nichts für den Wein.

Das Leben ist schön, aber der Wein ist das Beste.

Pessoa, Fernando (1888 - 1935) portugiesischer Dichter, Schriftsteller und Geisteswissenschaftler

Wein gibt es schon länger als die Menschheit, lass uns wie Schwämme trinken, denn Wein ist Leben.

Wein ist das leben.

Petronius Arbiter, Titus (14 - 66) römischer Senator und Autor

Gib mir gute Trauben, ich mache dir gute Weine,
trinke wenig, damit du sehr lange trinken kannst.

Weil die Weinherstellung eine menschliche Arbeit ist, ist es immer verbesserungsfähig. Ich habe noch nie eine Ausnahme von dieser Regel getroffen. Egal, welches Qualitätsniveau, man kann es immer besser machen.

Peynaud, Émile (1912 - 2004) französischer Hochschullehrer, Önologen und Weinverkoster

Weisheit kommt nicht automatisch mit dem Alter. Nichts, außer Falten. Es ist wahr, einige Weine werden besser im Alter, aber nur, wenn die Trauben in erster Linie gut waren.

Phillips, Pauline Esther (1918 - 2013) amerikanische Kolumnistin und Radiomoderatorin

Ich bin nicht alt, sondern sanft, wie ein guter Wein.

Phillips, Stephen (1864 - 1915) englischer Poet

Füllet den Becher mit köstlichem Wein;
Es wachse die Freude, es schwinde die Pein.

Piave, Francesco Maria (1810 - 1876) italienischer Librettist und Regisseur

Der Wein – er machte ihre Glieder locker und flüssig und er gab ihr das Gefühl, dass ein Kolibri den Platz ihres Herzens eingenommen hätte.

Picoult, Jodi Lynn (1967) amerikanische Schriftstellerin

Allein die einfache Verkostung eines Glases Wein ist ein Erlebnis.

Pierce, David Hyde (1959) amerikanischer Schauspieler

Wenn einer das Wort „Bouchon“ hört, denkt der Pessimist sofort an eine Autobahn und der Optimist an eine gute Flasche Wein.

Worte haben ihre Schwierigkeit mit Wein. Eigentlich sind alle Trinker große Redner.

Aus dem Dunkel aller Zeiten und bis zum Ende der Welt wird der Wein – im Guten wie im Schlechten – untrennbar verknüpft sein mit dem Abenteuer Mensch, der Zivilisation, der Kunst und dem großen Geheimnis des Warums und Wieso.

Pivot, Bernard (1935) französischer Journalist, Autor und Fernsehmoderator

Der Wein, die Traurigkeit und die Nacht.

Pizarnik, Alejandra (1936 - 1972) argentinische Dichterin

Der Wein ist ein Geschenk der Götter, sie haben den Wein dem Menschen aus Erbarmen gegeben.

Die Trinkgelage, bei denen ein gelegentlicher Rausch nicht ausgeschlossen sein soll, sind als pädagogische Übungen zu organisieren, welche den Trinkenden zur Ertragung von Lust und Genuss geschickt machen, ihn lehren sollen, in der Befriedigung seiner Begierden Herr seiner selbst zu bleiben.

Wenn ein Mann zum Abendessen Wein trinkt, wird er zufriedener mit sich selbst.

Wein ist die Milch alter Männer.

Platon (428 v. Chr.- 348) griechischer Philosoph

Feiern wir den Anlass mit Wein und süßen Worten.

Dies ist der große Makel des Weins; es nimmt einem die Beine, es ist ein listiger Ringkämpfer.

Plautus, Titus Maccius (254 - 184 v. Chr.) römischer Dichter

Erfolge im Zehnkampf sind wie ein guter Wein: Wenn man einmal einen guten Wein getrunken hat, möchte man sich mit einfachem Tafelwein nicht mehr zufriedengeben. Und wenn man einmal gewonnen hat, will man jeden Tag gewinnen.

Plaziat, Christian (1963) französischer Leichtathlet

Wer keinen Wein trinkt, dem entgeht viel Genuss; wer aber den Wein falsch trinkt, verdirbt sich und anderen den Genuss.

Wenn Gott das Trinken hätte verbieten wollen, hätte er dann so einen guten Wein gemacht?

Plessis, Armand-Jean du, 1er Duc de Richelieu (1585 - 1642) französischer Aristokrat, Kirchenfürst und Staatsmann

In Wein gibt es Wahrheit.

Der Nutzen des Weins kann der Kraft der Götter gleichgesetzt werden.

Der Mensch schuldet dem Wein das einzige Tier zu sein, das ohne Durst getrunken hat.

Jeder steht zu seinem Wein, und wo immer wir hingehen, es ist immer die gleiche Geschichte.

Wein ist ein Heilmittel, er nährt das Blut des Menschen, er erfreut den Magen und reinigt von Sorgen und Ärger.

Plinius der Ältere (23 - 79) römischer Gelehrter, Offizier und Verwaltungsbeamter

Ein Mann, der Angst hat sich zu betrinken, schüttet seinen Wein nicht weg, er mischt ihn.

Wein ist unter den Getränken das nützlichste, unter den Arzneien die schmackhafteste, unter den Nahrungsmitteln das angenehmste.

Plutarch (um 100 n. Chr.) griechischer Philosoph und Schriftsteller

Er wusste, dass Hopfenfrosch keinen Wein mochte, denn es brachte den armen Krüppel fast zu Wahnsinn, und Wahnsinn ist kein angenehmes Gefühl.

Poe, Edgar Allan (1809 - 1849) amerikanischer Schriftsteller

Die französische Sprache wäre ohne den Weinberg und den Wein mit seiner Vielzahl an malerischen Ausdrücken ärmer.

Wein, Essenz der Freude und Gesundheit, Extrakt des gallischen Humors, Spiegelbild des süßen Frankreichs.

Poincaré, Raymond (1860 - 1934) französischer Politiker

Champagner ist das einzige Getränk, das Frauen schöner macht, je mehr sie davon trinken.

Poisson, Jeanne-Antoinette, marquise de Pompadour (1721 - 1764) französische Mätresse des Königs Ludwig XV

Wein spricht alle Sinne an: Die Augen sehen die Farbe, den Ton und den Schatten; die Nase, das Bouquet, die Finger und die Lippen streicheln das kühle Kristallglas; die Ohren erfreuen sich an dem subtilen Schwingen der Flüssigkeit; die Zunge erfreut sich an dem Ergebnis einer reichen Ernte.

Posch, Mary Lou (1931 - 2018) amerikanische Krankenschwester und Weinliebhaberin

Dichter trinken vom Leben, so, wie andere Wein trinken.

Pound, Ezra Weston Loomis (1885 - 1972) amerikanischer Dichter

Schlechte Nachrichten sind nicht wie Wein. Sie werden nicht besser mit dem Alter.

Powell, Colin Luther (1937) amerikanischer General und Politiker

Ich denke, wir Männer sind wie ein guter Wein. Wir beginnen als Trauben und es liegt an den Frauen, den Mist aus uns herauszutrampeln, bis wir zu etwas Akzeptablem geworden sind, mit dem wir zu Abend essen können.

Prakash, Nitya (1988) indischer Autor

Weißwein ist das, was man trinkt, bevor man Rotwein trinkt.

Prats, Bruno (n.d.) ehemaliger geschäftsführender Gesellschafter Château Cos d'Estournel

Dass im Weine Poesie ist,
Hört' ich schon in jungen Tagen;
Doch wer nüchtern schon ein Vieh ist,
Wird, bekneipt, nichts Schönes sagen.

Presber, Hermann Otto Rudolf (1868 - 1935) deutscher Schriftsteller, Dramatiker und Drehbuchautor

Wein ist wie viele der schönen Erfahrungen im Leben, die Zeit und Erfahrung brauchen, um ihren vollen Genuss und ihre Bedeutung zu entfalten.

Preston, Douglas (1956) amerikanischer Schriftsteller

Wein richtet die Schönheit zugrunde, durch Wein wird die Blüte des Lebens verdorben.

Propertius, Sextus Aurelius (48 - 15 v. Chr.) römischer Dichter

Wein macht Menschen transparent.

Prus, Bolesław (1847 - 1912) polnischer Schriftsteller und Publizist

Die gefährlichsten Leute bei einer Abendgesellschaft sind nicht die starken Trinker, sondern die aufmerksamen Zuhörer.

Pulver, Liselotte (1929) schweizer Schauspielerin

„In vino veritas“ ist längst überholt. Bald werden wir froh sein, wenn der Wein überhaupt noch aus Trauben gemacht wird.
Der Korkenzieher hat eine Unmenge verkrachter Existenzen auf dem Gewissen.

Puzicha, Waltraud (1925 - 2013) deutsche Aphoristikerin

Als ob die Toten wirklich fortbestehen, selbst in einer Flasche Wein.

Pynchon, Thomas (1937) amerikanischer Schriftsteller

Q wie Quagliano

Man muss viel mehr trinken als man kann, wenn man wirklich glücklich sein will.

Queneau, Raymond (1903 - 1976) französischer Dichter und Schriftsteller

Wein ist wie die Sprache von Äsop, es ist sowohl das Beste als auch das Schlechteste.

Quittanson, Charles (n.d.) französicher Autor

R wie Riesling

Weinliebhaber haben nicht automatisch Stil,
nur weil ihre Gläser einen haben.

Raab, Karsten-Thilo (1964) deutscher Journalist und Autor

Wenn ich trinke, denke ich – und wenn ich denke, trinke ich.

Der Appetit kommt beim Essen, der Durst schwindet beim Trinken.

Es gibt mehr alte Trinker als alte Doktoren.

Also lustig, meine Lieben, und lasst es Eurem Bauch und Euren Lenden wohl sein. Aber vergesst mir auch das Trinken nicht, Ihr Eselsgesichter, sonst soll die Pest Euch plagen.

Ein nobler Mensch wird niemals guten Wein hassen.

Wein ist das zivilisierteste der Welt.

Trinke ständig, sterbe nie.

Der Saft der Rebe klärt den Verstand und das Verständnis.

Rabelais, François (1483 - 1553) französischer Schriftsteller, Humanist, Ordensbruder und Arzt

Im Körper unserer Bretonen gibt es viel Wein, Wasser gibt es nur unter den Brücken.

Rabutin-Chantal, Marie de Marquise de Sévigné (1626 - 1696) französische Autorin

Was Brot für den Körper ist, ist Wein für den Geist.

Ramuz, Charles-Ferdinand (1878 - 1947) schweizer Schriftsteller, Lyriker und Dichter

Daß Gott hat b'schert für's Menschen Leib, den Wein daß er sein Sorg vertreib, das Herz erquick und fröhlich mach, das ist der Grund der ganzen Sach.

Rasch, Johann (1540 - 1612) österreichischer Kleriker, Schriftsteller, Komponist und Autor eines der ältesten Weinbücher

Um den Wein würdigen zu können, müssen Sie riechen, einen ausgeprägten Geschmackssinn und ein Auge für Farben haben. Der Rest ist nur Erfahrung und persönlicher Geschmack.

Ray, Cyril (1908 - 1991) englischer Autor und Journalist

Anders als ein guter Wein altern Wissen und Informationen nicht gut, zeitnah werden sie obsolet und weniger wertvoll.

Redhead, Steve (1952) amerikanischer Hochschullehrer

Es ist wie Tod alle Tage, wenn man ohne Wein leben müsste.

Regnard, Jean-François (1655 - 1709) französischer Autor

Wein ist eine Art Innen-Make-up, das für einen Moment das Gesicht unserer Gedanken verschönert.

Régnier, Henri François Joseph de (1864 - 1936) französischer Schriftsteller

Nein, Verkehrsunfälle sind nicht auf Alkohol zurückzuführen. Sie sind auf das Auto zurückzuführen. Der Beweis: Setzen Sie einen Säufer in einen Rollstuhl, er wird niemanden töten

Rego, Luis (1943) französischer Schauspieler und Musiker

Wasser ist die Prosa von Flüssigkeiten, Alkohol ist Poesie.

Reiber, Ferdinand (1849 - 1892) französischer Schriftsteller

Nur Narren werden vom reinen Wein betrunken.

In billigen Weinen lauern recht viele Umsonst-Wahrheiten.

Immerhin handelte es sich um einen edlen Tropfen. Also, Haltung annehmen, beim Übergeben.

Kain sprach zu Abel: „Dein Wein schmeckt sehr passabel.“
Doch Abel sprach zu Kain: „Trinken wir lieber dein'‘.“

Reisenberg, Martin Gerhard (1949) deutscher Bibliothekar und Autor

Betrunkenheit ist die einzige Form, in der auch Männer ohne Kultur das Ideal begreifen können.

Renan, Ernest (1823 - 1892 französischer Schriftsteller, Religionswissenschaftler und Orientalist

Um Erfolg zu haben, muss man Wasser in den Wein geben, bis kein Wein mehr da ist.

Renard, Jules (1864 - 1910) französischer Schriftsteller

Paradox ist, wenn man den Wählern nach den Wahlen reinen Wein einschenkt, indem reichlich Wasser in den alten Wein gegossen wird, der vor den Wahlen in neuen Schläuchen aufgefahren wurde.

Renzie, Thom (1959) deutscher Lehrer

Und dann war da noch der Winzer, der wegen der Leichtigkeit des Weins vor Gericht stand ...

Reus, Wolfgang J. (1959 - 2006) deutscher Journalist, Satiriker, Aphoristiker und Lyriker

Lasst jetzt die Musiker kommen und schenkt denen gelben Wein ein, schließt alle Fenster auf, wir werden jetzt lange fröhlich sein.

Reve, Gerard Kornelis van het (1923 - 2006) niederländischer Schriftsteller

Es gibt eine engen Zusammenhang zwischen der Flasche, dem Ort, dem Moment und den Menschen, mit denen Sie sie genießen.

Wein ist das einzige alkoholische Getränk mit so einer universellen Ausstrahlung als auch extreme Vielfalt.

Revel, Jean-François (1924 - 2006) französischer Schriftsteller und Philosoph

Die einzige Garantie für Qualität ist, sich mit kleinen Erträgen zufrieden zu geben.

Reynaud, Jacques (1960) italienischer Modedesigner und Kostümbildner

Weißwein macht auch besoffen und die Flecken gehen viel leichter raus.

Rheyn, Art van (1939 - 2005) deutscher Dichter und Aphoristiker

Liebhaber alter Flaschen sind wie Fans von Schaltplatten, begeistert von den brutzelnden Stimmen von Germaine Lubin und Caruso, gleichgültig dem wilden Geschrei der Sopranistin und Baritone unserer Zeit gegenüber.

Ribaut, Jean-Claude (n.d.) französischer Gastronomiekritiker und Autor

Schlechten Wein zu produzieren, den Wein abzufüllen und es Freunde zu servieren, ist das schlimmste Verbrechen.

Ribeiro, Aquilino Gomes (1885 - 1963) portugiesischer Schriftsteller

Cabernet Sauvignon ist der schwarze Labrador der Weine – er kommt und leckt dich. Pinot Noir ist kopflastig, er ist wie eine Katze.

Rich, Scott (n.d.) amerikanischer Winzer

Wein, wir brauchen Wein. Ich möchte, dass mein Atem ausreicht, diejenigen betrunken zu machen, die nichts getrunken haben.

Trinke Wein, sei so gut wie er.

Richepin, Jean (1849 - 1926) französischer Schriftsteller, Dramatiker und Lyriker

Der Wein wirkt stärkend auf den Geisteszustand, den er vorfindet: er macht die Dummen dümmer, die Klugen klüger.

Die Kunst ist nicht das Brot, aber der Wein des Lebens.

Richter, Jean Paul Friedrich (1763 - 1825) deutscher Schriftsteller

Das Leben ist zu kurz, um einen guten Wein in einem schlechten Glas zu trinken.

Riedel, Georg (n.d.) österreichischer Glashersteller

Im Wein ist Wahrheit. Auch eines Volkes geheimste Gedanken belauscht man wohl in den kurzen Augenblicken seligen Trunkenseyns, nicht in den langen nüchternen Tagen des ruhigen Gewohnheitslebens.

Nicht bloß im Wein ist Wahrheit – auch in der Poesie.

Riehl, Wilhelm Heinrich von (1823 - 1897) deutscher Journalist, Novellist und Kulturhistoriker

Wein ist das Symbol der Kultur, eine Quelle der Freude und ein Ferment der Geselligkeit.

Rigaux, Jacky (1948) französischer Psychologe und Önologe

Was ist deine leidendste Erfahrung?
Ist dir Trinken bitter, werde Wein.

Rilke, Rainer Maria (1875 - 1926) deutscher Lyriker

Betrunkenheit ist die Unordnung aller Sinne.

Rimbaud, Jean Nicolas Arthur (1854 - 1891) französischer Dichter, Abenteurer und Geschäftsmann

Wer keinen Wein trinkt,
dem entgeht viel Genuss,
Wer aber den Wein falsch trinkt,
verdirbt sich und anderen den Genuss.

Die besten Vergrößerungsgläser für die Freuden dieser Welt sind jene, aus denen man trinkt.

Ringelnatz, Joachim (1883 - 1934) deutscher Schriftsteller, Dichter, Kabarettist und Maler

Als Sterblicher war ich nie ein großer Kämpfer, Athlet oder Dichter. Ich stellte nur Wein her. Die Leute in meinem Dorf haben mich ausgelacht. Sie sagten, ich würde es nie zu etwas bringen. Schau mich jetzt an. Manchmal können die kleinen Dinge ganz groß werden.

Riordan, Rick (1964) amerikanischer Schriftsteller

Wir wollen die besten Weine, die der Menschheit zur Verfügung stehen. Wir wollen sie hier und jetzt.

Robinson, Bruce (1946) britischer Schauspieler, Autor und Regisseur

Ich war schon immer beeindruckt von dem Merlot aus dem US-Bundesstaat Washington. Es ist mir einfach aus dem Glas gesprungen. Sie haben einfach das Gefühl, dass dies richtig ist: Dies ist kein Versuch, dies ist wirklich etwas.

Rund 20% des Weingenusses hängen mit dem richtigen Glas zusammen.

Robinson, Jancis (1950) britische Weinkritikerin

Durch das Trinken wurde ich durstig.

Roche, Maurice (1924 - 1997) französischer Komponist, Schriftsteller, Journalist und Zeichner

Der Wein hatte solche negativen Auswirkungen auf die Gesundheit von Noah, dass alles, was er tun konnte, 950 Jahre leben war. Zeigen Sie mir einen Abstinenzler, der je so lange gelebt hat.

Ein Verbot ... ist immer noch besser als überhaupt keinen Alkohol zu haben.

Rogers, William Penn Adair (1879 - 1935) amerikanischer Komiker, Schauspieler und Autor

Das bisschen, was ich esse, kann ich auch trinken.

Rogler, Richard (1949) deutscher Kabarettist

Wein gibt denen, die keine haben, Farbe, Feiglingen ein Herz, Eifer für die Faulenzer

Rojas, Fernando de (1476 - 1541) spanischer Jurist und Schriftsteller

Man hätte wahrlich meinen können, die gute Mutter Erde wolle uns das Blut, so sie getrunken, in Wein zurückgeben. Und warum auch nicht? Nichts geht verloren; nichts darf verlorengehen? Ginge es verloren, wo sollte es da hingehen? Das Wasser kommt vom Himmel und steigt wieder zum Himmel. Warum sollte der Wein nicht gleicherweis solch Hin und Her zwischen der Erde und unserem Blut machen?

Rolland, Romain (1866 - 1944) französischer Schriftsteller

Kein Wein ist so sauer wie der reine, der einem eingeschenkt wird.

Ronner, Markus M. (1938) schweizer Theologe, Publizist und Journalist

Das Gehirn ist niemals gesund, wenn es nicht mit Liebe oder Wein getränkt ist.

Trinkt, denn der Tag ist kürzer als mein Finger, trinkt, so verliere ich meine Sorgen.

Der törichte Mann, der seine Gedanken an anderen Getränken als Wein verschwendet, stirbt immer ein schlechtes Ende.

Ronsard, Pierre de (1524 - 1585) französischer Autor

Wein ist wie Frauen oder unbezahlte Rechnungen, er kommt immer zu dir zurück.

Rooney, Mickey (1920 - 2014) amerikanischer Schauspieler

Essen, Trinken, Lieben und Singen – das sind in Wahrheit die vier Akte der komischen Oper, die das Leben heißt und vergeht, wie der Schaum einer Flasche Champagner.

Rossini, Gioachino Antonio (1792 - 1868) italienischer Komponist

Verschieden ist der Menschen Art: die einen, in der Jugend zart, sind oft im Laufe weniger Jahre schon zähe, morsche Exemplare. Doch andre, ungenießbar jung, gewinnen durch die Lagerung und werden in des Lebens Kelter wie Wein, je feuriger, je älter.

Roth, Eugen (1895 - 1976) deutscher Lyriker und Dichter

Kalifornische Weine sind wie Coca-Cola. Sie haben alle den gleichen Geschmack.

Muss das Gute nicht vielleicht auch schön sein? Dies ist die Verbindung zwischen Kunst und Wein.

Weine sind wie eine Frau – unbeständig, zurückhaltend und schwer zufriedenzustellen. Wann immer man sie öffnet, riskiert man, enttäuscht zu werden, sind sie aber in Form – und das sind sie bei guter Pflege meistens – welche Wonnen.

Rothschild, Baron Georges Philippe de (1902 - 1988) französischer Unternehmer und Winzer

Die Küche und der Wein eines Volkes sind die einzigen genauen Zeugen seiner Zivilisation.

Rouff, Marcel (1877 - 1936) französischer Schriftsteller, Dichter, Kritiker und Historiker

Die Trinker haben im Allgemeinen Herzlichkeit,
Offenheit, sie sind fast alle gut, treu, gerecht, mutig und ehrlich.

Rousseau, Jean-Jacques (1712 - 1778) französischer Schriftsteller, Philosoph und Komponist

Was ein Mann sein „Gewissen“ nennt, ist lediglich die mentale Handlung, die folgt als eine sentimentale Reaktion nach zu viel Wein oder Liebe.

Rowland, Helen May (1875 - 1950) amerikanische Journalistin und Humoristin

Trinke den Wein, den dir das Leben bietet, großzügig und mache dir keine Gedanken darüber, wie viel du verschüttest.

Der erste Kuss und das erste Glas Wein sind die besten.

Welche Chance hat Logik gegen ein Glas Wein und einen Kuss?

Rubin, Marty (1930 – 1994) kanadischer Autor und Journalist

Man kann, wenn wir es überlegen, Wein trinken, fünf Ursachen wegen:
einmal um eines Festtags willen,
sodann vorhandenen Durst zu stillen,
ingleichen künftigen abzuwehren,
ferner dem guten Wein zu Ehren
und endlich um jeder Ursach‘ willen.

Die Wahrheit ist im Wein;
Das heißt: In unseren Tagen
Muss einer betrunken sein,
Um Lust zu haben, die Wahrheit zu sagen.

Wer trinkt, soll reinen Herzens sein, mit Wein ist nicht zu scherzen.

Wein und schöne Mädchen sind zwei Zauberfädchen, die auch die erfahrenen Vögel gern umgarnen.

Wein wird leicht zu Essig, aber Essig wird nie wieder Wein.

Rückert, Friedrich Johann Michael (1788 - 1866) deutscher Dichter, Sprachgelehrte, Übersetzer und Orientalist

Ein guter Ruf, von Haus zu Haus,
eilt manchmal manchem Wein voraus,
vor allem, wenn der Rebensaft
vom Rheine stammt, was Achtung schafft.
Der gute Ruf jedoch verfällt,
wenn Rheinwein zu viel Rhein enthält.

Ruhenstroth, Edmund (1936) deutscher Holzbildhauer, Industriekaufmann und Schriftsteller

Sorgen ertrinken nicht in Alkohol. Sie können schwimmen.

Rühmann, Heinz (1902 - 1994) deutscher Schauspieler und Regisseur

Es wurde getanzt, bis die Füße wehtaten, es gab schöne Jungen und Mädchen, und Küsse waren billiger als Wein, aber der Wein war süß, doch die Früchtchen süßer.

Rumelt, Judith (1973) iranische Schriftstellerin

Der Wein, den wir trinken, ist unser eigenes Blut. In diesen Fässern gären unsere Körper. Wir geben alles für ein Glas davon. Wir geben unseren Verstand für einen Schluck

Es gibt tausende von Weinen, die dir den Verstand rauben. Glaube jedoch nicht, dass alle Ekstasen gleich sind.

Entweder gib mir mehr Wein oder lasse mich alleine.

Konzentriere dich auf denjenigen, der den Wein einschenkt, denn er ist wichtiger als der Becher.

Du bist mein Wein, meine Freude,
Mein Garten, mein Frühling,
Mein Schlaf, meine Ruhe,
Ohne dich kann ich nicht überleben.

Rumi (1207 – 1273) persischer Mystiker, Gelehrter und Dichter

Mit dem ganzen Mist im Essen haben wir zum Glück noch den Alkohol, um zu vergessen, was wir essen.

Ruquier, Laurent Hugues Emmanuel (1963) französischer Fernseh- und Radiomoderator und Komiker

Ein Glas Wein in der Hand ist eigentlich wie ein Juwel – nicht wahr? – wie ein großes flüssiges Juwel.

Rutkoski, Marie K. (1977) amerikanische Hochschullehrerin und Autorin

Ich liebe die schönsten Küsse der Welt, insbesondere die feuchten Küsse eines vollen Glases.

Ryer, Pierre du (1606 - 1658) französischer Dramatiker

S wie Sauvignon Blanc

Warum trinken? Um Haltung zu bewahren. Wer Wein getrunken hat, vergibt leichter Trunkenheit.

Saadi (1210 – 1292) persischer Dichter und Mystiker

Das Leben ist so bitter, und der Wein so süß - warum also nicht trinken?

Saba, Umberto (1883 - 1957) italienischer Dichter und Schriftsteller

Er sollte danach streben, jung wie ein Beaujolais zu sein und zu altern wie ein Burgunder.

Sabatier, Robert (1923 - 2012) französischer Schriftsteller und Literaturkritiker

Alte Freunde sind wie alte Weine, sie verlieren an Frische und Reife, aber gewinnen an herzlicher Wärme.

Sainte-Beuve, Charles-Augustin (1804 - 1869) französischer Literaturkritiker und Schriftsteller

Wenn gut sie waren meine Sinne erfreut, jubelte meine Stimmung, und verbesserte meine moralischen und intellektuellen Kräfte, außer es mir ermöglicht, die gleichen Vorteile auf andere Menschen übertragen.

Saintsbury, George Edward Bateman (1845 - 1933) britischer Literaturkritiker, Autor, Hochschuldozent und Wissenschaftler

Wer Austern, Spargel oder guten Wein nicht mag, hat keine Seele und keinen Magen.

Saki (1870 - 1916) englischer Schriftsteller

Der Wein und die Wahrheit sind sich nur insofern ähnlich, als man mit beiden anstößt.

Viele Rezensenten und Journalisten sind wie die Kakadus: Sie ziehen die Klaue ein, wenn sie gefüttert werden, und drücken ein Auge zu, wenn sie zu trinken bekommen.

Saphir, Moritz Gottlieb (1795 - 1858) österreichischer Schriftsteller, Journalist und Satiriker

Mein Wein, ich will es berauschend, stark, großzügig, ein Wein zum Schlemmen, ein Wein zum Feiern, kein Heilmittel gegen Schlaflosigkeit oder Migräne ...

Sarraute, Claude (1927) französische Schriftstellerin

Die Bürger halten es schon aus, wenn man ihnen reinen Wein einschenkt.

Schäuble, Wolfgang (1942) deutscher Politiker

Die besten und die schlechtesten Weine
solltest du nie alleine trinken;
denn geteiltes Leid ist halbes Leid
und nur geteilte Freude ist wahre Freude.

Nur garstige Weine können große Weine werden. Die schon schön geborenen sind verdächtig.

Scheuermann, Mario Rudolf (1948 - 2015) deutscher Journalist, Restaurantkritiker und Autor

Moralisierender Philint.
Du sprichst: Die Lust zum Wein
herrscht in den meisten Dichtern.
Ich geb‘ es zu, doch, Freund, sie sind
im Rausche klüger, als du nüchtern.

Schiebeler, Daniel (1741 - 1771) deutscher Schriftsteller und Kirchenlieddichter

Ein Glas Wein kann seine Teufel vergöttern.

Trink ihn aus, den Trank der Labe,
Und vergiss den großen Schmerz,
Wundervoll ist Bacchus‘ Gabe,
Balsam fürs zerrißne Herz.

Brüder, fliegt von euren Sitzen,
Wenn der volle Römer kreist,
Lasst den Schaum zum Himmel sprützen:
Dieses Glas dem guten Geist.

Der edle Wein ist doch der beste Schieferdecker,
sein güldener Schein macht alle Menschen etwas kecker,

ich wundre mich, dass er so klettern kann und steigen,
und macht, dass sich die großen Häupter vor ihm neigen.

Der Wein erfindet nichts, er schwatzt's nur aus.

Es wird gewiss in England des Jahres noch einmal so viel Portwein getrunken, als in Portugal wächst.

Auf der Berge freien Höhen, in der Mittagssonne Schein, an des warmen Strahles Kräften, zeugt Natur den gold'nen Wein. Und noch niemand hat's erkundet, wie die große Mutter schafft: Unergründlich ist das Wirken, unerforschlich ist die Kraft.

Der Name Wirtemberg
Schreibt sich von Wirt am Berg –
Ein Wirtemberger ohne Wein,
Kann der ein Wirtemberger sein?

Ring und Stab, o seid mir auf Rheinweinflaschen willkommen! Ja, wer die Schafe so tränket, der heißt mir ein Hirt.

Schiller, Johann Christoph Friedrich von (1759 - 805)
deutscher Arzt, Dichter, Philosoph und Historiker

Du bist meine Tinkerbell,
der Wein, den du grad trinkst, kostet ein'n Monat Kindergeld.

Schindler, Michael „Shindy" (1988) deutscher Rapper, Produzent und Bestsellerautor

Im Wein liegt die Wahrheit. Doch wer garantiert uns die Echtheit des Etiketts?

Schmid, Harald (1946) deutscher Aphoristiker

Weine, welche die Einbildungskraft des Trinkers nicht zum Spielen und Gaukeln bringen, taugen wenig oder nichts.

Schnack, Anton (1892 - 1973) deutscher Schriftsteller

Wenn der Wein runterkommt, treiben die Worte oben.

Schröder, Johann (1600 - 1664) deutscher Mediziner

Wagner hören, anstatt Bizet, ist wie Bier trinken, anstatt Wein.

Schröder, Manfred (1938) deutsch-finnischer Dichter und Satiriker

Im Wein lügt Wahrheit.

Schumacher, Peter (1941 - 2013) deutscher Aphorismensammler und Publizist

Wenn sich die Gedanken erst einmal so verdreht haben, dass man damit edlen Wein entkorken könnte, ist nicht mehr ernsthaft damit zu rechnen, dass der Gedankenanalyse noch hieb- und stichfest zu vertrauen ist.

Schyboll, Christa (1952) deutsche Autorin

Ein gutes Glas Wein ist ein elegantes Zeugnis.

Scott, Sir Walter (1771 - 1832) schottischer Dichter, Schriftsteller, Verleger und Literaturkritiker

… man kann die Tugenden eines Weins nicht besser ergründen als mit einer Blindverkostung, ähnlich wie die Tugenden einer Frau bei einem Kuss mit verbundenen Augen.

Während wir mit den nachteiligen Auswirkungen von Alkohol auf leeren Magen vertraut sind, erleben wir jetzt die weitaus schlimmere Wirkung von Getränken auf einen leeren Geist.

Scruton, Sir Roger Vernon (1944) britischer Schriftsteller und Philosoph

Macht die innere Heiterkeit mal Pause, wird der Bordeaux zum Sorgenbestatter.

Selacher, Alfred (1945) Schweizer Lebenskünstler

Der Wein spült Sorgen fort, lockert den Geist gründlich auf; wie manche Krankheit heilt er den Trübsinn... gibt Lebenskraft und verleiht Mut zu allen Unternehmungen. Wie bei der Freiheit ist beim Wein das rechte Maß gesund.

Manchmal sollten wir sogar bis zur Trunkenheit trinken, nicht bis zum Ertrinken, nur um uns selbst in Wein einzutauchen, denn Wein wäscht Probleme weg und verdrängt sie aus den Tiefen des Geistes und wirkt als Heilmittel gegen Trauer und einige andere Krankheiten.

Wie in der Freiheit, ist auch beim Weine Mäßigung heilsam.

Betrunkenheit ist ein eigensinniger Wahnsinn.

Eher muss man darauf achten, mit wem man isst und trinkt, als was man isst und trinkt.

Seneca, Lucius Annaeus (1 - 65) römischer Philosoph, Dramatiker, Naturforscher, Politiker und Schriftsteller

Im Keller findest du die Seele des Hauses.

Wer eine halbe Flasche bestellt, wird die andere Hälfte immer vermissen.

Vor einer großen Mahlzeit gibt es zwei Arten von flüchtigen Blicken: die ins Dekolletee der schönen Damen und die zum Etikett der guten Flasche Wein.

Serna, Ramón Gómez de la (1888 - 1963) spanischer Schriftsteller

Nach dem Brot kommt der Wein, die zweite Nahrung, die uns der Schöpfer zur Erhaltung unseres Lebens geschenkt hat.

Serres, Olivier de (1539 - 1619) französischer Autor, Agronom und Agrarreformer

Seine beiden Kämmerlinge will ich mit würzigem Weine so betäuben, daß des Gehirnes Wächter, das Gedächtnis, ein Dunst sein wird und der Vernunft Behältnis ein Dampfhelm nur.

Der Trunk ist ein großer Beförderer von drei Dingen – rote Nasen, Schlaf und Urin. Buhlerei befördert und dämpft er zugleich: Er fördert das Verlangen und schwächt das Tun.

Und wenn ich tausend Söhne hätte, der erste menschliche Grundsatz, den ich sie lehren wollte, wäre der, dünnen Getränken abzuschwören und sich dem Sekt zu ergeben.

Der erste Trunk über den Durst macht ihn zum Narren, der zweite toll und der dritte ersäuft ihn.

Guter Wein ist ein gutes, geselliges Ding, wenn man mit ihm umzugehen weiß.

Auch kann ihn kein Mensch zum Lachen bringen. Aber das ist kein Wunder: Er trinkt keinen Wein.

Ein guter spanischer Sekt hat eine zwiefache Wirkung an sich. Er steigt euch in das Gehirn, … macht es sinnig, schnell und voll von behenden, feurigen und ergötzlichen Bildern; wenn diese dann der Stimme, der Zunge überliefert werden, … so wird ein vortrefflicher Witz daraus. Die zweite Eigenschaft unseres vortrefflichen Sekts ist die Erwärmung des Bluts … er erleuchtet das Antlitz, … und dann stellen sich alle die Insassen des Leibes und die kleinen Lebensgeister ihrem Hauptmann, dem Herzen, welches, durch dieses Gefolge groß und aufgeschwellt, jegliche Tat des Mutes verrichtet.

Wer Wein gut trinkt, schläft gut.
Wer gut schläft, sündigt nicht.
Wer nicht sündigt, wird selig.
Wer also gut Wein trinkt, wird selig.

Der Wein steigt in das Gehirn,
macht es sinnig,

schnell und erfinderisch,
voll von feurigen und schönen Bildern.

Es weckt Verlangen, verringert aber die Leistung.

Gute Gesellschaft, guter Wein, guter Empfang, kann gute Menschen machen.

Der unsichtbare Geist des Rotweins.

Ich bitte dich, verliebe dich nicht in mich, denn ich bin falscher als Gelübde in Wein.

Shakespeare, William (1564 - 1616) englischer Dramatiker, Lyriker und Schauspieler

Ein Buch mit Versen, ein Krug Wein und ein Laib Brot – das ist göttlich.

Ein Glas Wein wirkt befreiend, dachte ich, aber es brachte mir nur Elend, dieser liebliche Alkohol.

Shahrivar, Soroosh (n.d.) iranischer Schriftsteller

Oberflächlich scheine ich mich über neue Leute zu freuen, aber ich bin dazu verdammt, alte Freunde hinter mir zu lassen. Ich schreie nach Shin-Feng-Wein, um meine tausend Leiden zu ertrinken.

Shangyin, Li (813 - 858) chinesischer Dichter

Wer ein lebenslängliches Glück mit einem schönen Weibe wünscht, gleicht einem Trinker, der den Geschmack des Weines dadurch dauernd zu genießen sucht, dass er seinen Mund immer voll davon hält.

Alkohol ist das Narkosemittel, mit dem wir die Operation Leben überstehen.

Dies ist die einzige Art, Wein zu genießen – wenn ein paar kundige und begeisterungsfähige Freunde zusammenkommen und sich frei fühlen, in unverhülltem Entzücken zu schwelgen.

Ich bin lediglich abstinent in Bezug auf Bier, nicht in Bezug auf Champagner.

Normaler Wein, französisches Trinkwasser.

Alkohol ist ein notwendiges Produkt ... Es erlaubt dem Parlament um elf Uhr abends Entscheidungen zu treffen, die kein vernünftiger Mann morgens um elf Uhr treffen würde.

Shaw, George Bernard (1856 - 1950) irischer Dramatiker, Schriftsteller, Politiker, Musiker und Pazifist

Ein Dichter, der schreibend versagt, wird oft ein mürrischer Kritiker. Der schwache und fade Weißwein macht endlich ausgezeichnetes Essig.

Shenstone, William (1714 - 1763) englischer Dichter

Der Wein behebt den Streit in kürzrer Zeit als Pfaff und Obrigkeit.

Wer könnte ich an die Liebe glauben und den Wein abschwören?

Sheridan, Richard Brinsley (1751-1816) irischer Dramatiker und Politiker

Trinke Wein mit mir und sei weniger Tartarisch.

Shiel, Matthew Phipps (1865 - 1947) britischer Schriftsteller

Wein ist etwas Lebendiges. Es besteht nicht nur aus Wasser und Hefe, sondern auch aus Können und Geduld. Denken Sie beim Trinken daran, dass für die Herstellung des Weines nicht nur jahrelange Mühe und Sorgfalt aufgewendet wurde, sondern auch jahrhundertelange Erfahrungen dahinterstehen.

Sichel, Allan (n.d.) französicher Präsident des Conseil Interprofessionnel du Vin de Bordeaux

Ohne Korkenzieher ist der Weintrinker nur ein halber Mensch; ohne ein anständiges Glas ist er verloren.

Wohl dem, der einen gefüllten Weinkeller hat und unangemeldete Besucher dort abfüllen kann, so dass sie ihren Hunger vergessen.

Siebeck, Wolfram (1928 - 2016) deutscher Gastronomiekritiker, Journalist und Autor

Die Liebe, wenn sie ist neu, braust wie ein junger Wein: Je mehr sie alt und klar, desto stiller wird sie sein.

Silesius, Angelus (1624 - 1677) deutscher Lyriker, Theologe und Arzt

Der Rotwein war dunkel, fast schwarz in den Ballongläsern, und mit einem helleren rosaroten Punkt in der Mitte.

Simenon, Georges Joseph Christian (1903 - 1989) belgischer Schriftsteller

Was auch immer der Preis des Weines ist, er ist sicherlich mehr wert als sein Einkaufswert, denn es ist zusätzlich die Freude, die er dem ganzen Haus bringt, die Freude eines Sonnenstrahls.

Es gibt genau so viel Unterschied zwischen einem stilvollen und einem flachen Wein als zwischen dem Schlaf und dem Tod.

Die Weinherstellung und der Wein haben zum Wohl der Menschheit und der Entwicklung aller Künste beigetragen.

Wein macht jede Mahlzeit zu einem Anlass, jeden Tisch eleganter, jeden Tag zivilisierter.

Simon, André (1877–1970) französisch-britischer Weinhändler und Autor

Je älter ich werde, desto weniger schätze ich das Alter meiner Weine.

Simon, Michel (1895 - 1975) schweizer Schauspieler

Menschen, die nicht trinken, tun mir leid. Wenn Sie morgens aufwachen, wissen sie schon, wie sie sich den ganzen Tag fühlen werden.

Sinatra, Francis Albert „Frank“ (1915 - 1988) amerikanischer Sänger, Schauspieler und Entertainer

Sei nicht ein Weinsäufer, denn der Wein bringet viele Leute um. Der Wein erquicket dem Menschen das Leben, so man ihn mäßig trinkt. Und was ist das Leben, da kein Wein ist? Der Wein ist geschaffen, dass er den Menschen fröhlich machen soll. Aber wenn man zuviel trinkt, bringt er Herzeleid. Die Trunkenheit macht einen tollen Narren noch toller.

Sirach, Jesus (um 175 v. Chr.) jüdischer Lehrer und Autor

Im Wein ist Wahrheit und mit beiden pflegt man anzustoßen.

Sirius, Peter (1858 - 1913) deutscher Lehrer, Dichter und Aphoristiker

Wenn Sie sich erinnern, gibt es fünf gute Gründe zu trinken: die Ankunft eines Gastes, der Durst nach Gegenwart und Zukunft, der gute Geschmack von Wein und andere Gründe.

Sirmond, Jean (1589 - 1649) französischer Dichter und Schriftsteller

Bevor ich verheiratet war, habe ich den Unterschied zwischen billigem und teurem Weine kennengelernt. Nachdem ich verheiratet war, habe ich gelernt, den billigen Wein zu trinken.

Smith, Sir Paul Brierley (1946) britischer Modedesigner und Unternehmer

Glück ist einen Wein eines seltenen Jahrgangs, und ist fade für einen vulgären Geschmack.

Smith Logan Pearsall (1865 - 1946) britischer Schriftsteller, Aphoristiker und Literaturkritiker

Rotwein mit Fleisch, Weißwein mit Fisch, außer geräuchertem Lachs und Hering. Der Rosé mit allen risikoreichen Speisen oder Sahneeis.

Smith, Richard (1971) englischer Fingerstyle-Gitarrist

Mein Herr, ich habe Ihren Sherry versucht und ziehe die Gicht vor.

Smith-Stanley, Edward Geoffrey, Earl of Derby (1799 - 1869) britischer Politiker und Premierminister

Wein befeuchtet und temperiert den Geist und wiegt die Sorgen des Gemüts in Schlaf. Er belebt unsere Freuden und ist Öl auf die sterbende Flamme des Lebens. Wenn wir mäßig und in kleinen Zügen trinken, dann geht der Wein in unsere Lungen über wie süßester Morgentau. Dann begeht der Wein keinen Raub an unserer Vernunft, sondern lädt uns zu freundlicher Heiterkeit ein.

Sokrates (469 - 399 v. Chr.) griechischer Philosoph

Guten Wein zu trinken, sollte mit einem Lächeln anfangen und enden.

Sokolin, William (n.d.) amerikanischer Weinhändler und Autor

Der Wein ist die Poesie der Erde.

Soldati, Mario (1906 - 1999) italienischer Schriftsteller, Drehbuchautor und Regisseur

Mit einem Mann zu leben, den Sie nicht mögen, ist eine Art von Alkoholismus. Wenn Sie dann gelegentlich etwas trinken, ist das sehr gut für Ihre Gesundheit.

Somain, Jean-François (1943 - 2011) französischer Schriftsteller

Griechische Bräuche wie das Trinken von Wein wurden von anderen Kulturen als nachahmungswürdig erkannt. Die Schiffe, die griechischen Wein beförderten, beförderten die griechische Zivilisation und brachte sie nach und nach in den ganzen Mittelmeerraum. Wein verdrängte das Bier und wurde zum zivilisiertesten und niveauvollsten Getränk – seitdem ein Status, dank der intellektuellen Errungenschaften der antiken Griechen.

Standage, Tom (1969) englischer Wissenschaftsredakteur und Autor

Ein bisschen Liebe ist wie ein bisschen Wein. Zu viel von beiden macht einen Mann krank.

Steinbeck, John Ernst (1902 - 1968) amerikanischer Schriftsteller

Künstler und Dichter finden immer noch den Sinn des Lebens in einem Glas Wein.

Sterling, Joyce Anne (n.d.) amerikanische Winzerin

Eine Flasche guten Weins, ähnlich einer guten Tat, leuchtet immer retrospektiv.

Wein ist Poesie in Flaschen.

Stevenson, Robert Louis Balfour (1850 - 1894) schottischer Schriftsteller

Wein ist eine Art alkoholisches Getränk, das das Leben nicht zerstört, sondern bereichert. Es verfälscht nicht, es klärt die Perspektive; es verführt nur in einer Weise, die es wert ist, menschlich verführt zu werden.

St. John, Bill (n.d.) amerikanischer Autor

Der Nebel steigt, es fällt das Laub, schenk ein den Wein, den holden,
wir wollen uns den grauen Tag vergolden, ja vergolden.

Storm, Hans Theodor Woldsen (1817 - 888) deutscher Schriftsteller, Lyriker und Autor

Ein Walzer und ein Wein verlangen eine Zugabe.

Strauss, Johann Baptist (1825 - 1899) österreichisch Kapellmeister und Komponist

Wein ist eine Gefahr, insbesondere, weil er uns nicht die Wahrheit bringt. Im Gegenteil, es offenbart dem Einzelnen insbesondere die

Vergangenheit und die vergessenen Geschichten, und nicht seinen gegenwärtigen Willen.

Svevo, Italo (1861 – 1928) italienischer Schriftsteller

Fisch muss dreimal schwimmen: zuerst in Wasser, dann in Butter und zuletzt in gutem Wein.

Einer der Gipfel von Parnassos war Bacchus gewidmet, der andere Apollo.

Der Wein sollte gegessen werden, er ist zu schön, um getrunken zu werden.

Swift, Jonathan (1667 - 1745) irischer Schriftsteller und Satiriker

T wie Tauberschwarz

Mir ist es piepegal, ob Salz, Butter, Wein oder Frauen schlecht für mich sind; das Leben ist eine unheilbare Krankheit.

Tabori, George (1914 - 2007) ungarischer Drehbuchautor

Es muss immer Wein und Kameradschaft geben, sonst sind wir wirklich verloren.

Taith, Dorothy (1902 - 1972) amerikanische Schriftstellerin

Herr, wenn wir die Ehre haben, solch einen Wein serviert zu bekommen, begegnet man ihm mit Respekt, man begutachtet seine Farbe lange, man riecht den Wein lange und intensiv, und lassen ihn auf uns wirken ... „Und danach“, unterbricht der Ungeduldige, „trinken wir ihn?“
Nein, Sir, noch nicht. Danach stellen wir das Glas auf den Tisch und reden darüber.

Talleyrand-Périgord, Charles-Maurice de (1754 - 1838) französischer Staatsmann und Winzer

Es gibt keine Freude ohne Wein.

Wenn der Wein reinkommt, kommt das Geheimnis heraus.

Der Wein nährt, erfrischt und erfreut uns. Wenn der Wein fehlt, brauchen wir Medikamente.

Der Talmud, eines der bedeutendsten Schriftwerke des Judentums

Die Perser trinken Wein im Übermaß, auch wenn das Gesetz es ihnen verbietet, und sie sagen zu ihrer Entschuldigung, man braucht es, um die Zeit zu vertreiben und um die Ängste zu mildern, die auf sie zukommen.

Tavernier, Jean-Baptiste (1605 - 1689) französischer Reisender

Ich gehe nicht nach den Bewertungen. Ich kaufe Wein, der gut schmeckt. Statistisch gesehen ist die Möglichkeit vorauszusagen, was in einem Jahrzehnt ein guter Wein sein wird, begrenzt.

Thaler, Richard H. (1945) amerikanischer Wirtschaftswissenschaftler

Je mehr er trank, desto freundlicher wurde er. Wein offenbarte seine Menschenliebe.

Thayil, Jeet (1959) indischer Dichter, Schriftsteller und Musiker

Das Etikett einer Weinflasche ist wie das Gesicht einer Person. Es sollte das zeigen, was man darüber wissen möchte.

Taylor, Walter S. (1931) amerikanischer Winzer

Chardonnay ist ein Rotwein, der weiß getarnt ist. Pinot Noir ist ein Weißwein, der rot getarnt ist.

Einen alten Wein zu genießen, das ist wie körperliche Liebe zu einer alten Dame. Es ist möglich; es kann sogar Vergnügen bereiten, aber es erfordert ein kleines bisschen Vorstellungskraft.

Tchelistcheff, André (1901 - 1994) russisch-amerikanischer Weinbauexperte und Winzer

Ich kann die Qualitäts-Preis-Religion nicht unterstützen. Für Waschmaschinen, ja. Für Weine, nein.

Ténot, Frank (1925 - 2004) französischer Journalist, Jazzkritiker und Verleger

Den Liebenden mundet Wasser wie Wein.

Genießer führen ein Glas Wein fünfzig Mal zum Munde.

Tenzer, Andreas (1954) deutscher Philosoph und Pädagoge

Ohne Ceres und Bacchus ist Venus Eis.

Terentius Afer, Publius (190 - 158 v. Chr.) römischer Dichter

Wein ist es gewöhnt den Geist des Mannes zu zeigen.

Theognis von Megara (2. Hälfte des 6. Jhdt. v. Chr.) griechischer Schriftsteller

Studenten. Sie reden über alles, haben aber keinerlei Ahnung. Sie sind wie leere Urnen und wollen jedem etwas zu trinken geben.

Thério, Adrien (1925 - 2003) kanadischer Autor

Ich saß an einem Tisch, mit Essen und Wein im Überfluss, mit einer unterwürfigen Anwesenheit, aber ohne Aufrichtigkeit und Wahrheit. Ich habe die Ungastlichkeit hungrig verlassen.

Die Regierung der Welt, in der ich lebe, war nicht festgefahren wie die in Britannien, mit ihren after-dinner Gespräche über Wein.

Thoreau, Henry David (1817 - 1862) amerikanischer Schriftsteller

Meine Sorgen, ich wollte sie in Wein ertränken: Mein Kummer hatte das Getränk dann in Tränen verändert.

Tibullus, Albius (54 – 19 v. Chr.) römischer Dichter

Es ist eine platte Ansicht zu glauben, dass der Wein unmittelbar aus sich selbst alle die Wirkungen hervorbringt, die wir ihm zuschreiben. Sein Duft und Hauch erweckt nur die Qualitäten, die in uns ruhen.

Tieck, Johann Ludwig (1773 - 1853) deutscher Dichter, Schriftsteller, Herausgeber und Übersetzer

Wein ist wie die Inkarnation – es ist göttlich und menschlich.

Tillich, Paul Johannes (1886 – 1965) deutsch-amerikanischer Theologe und Religionsphilosoph

Die Kammerdiener freuen sich immer über die Orgien des Meisters, wenn die Gäste Wein in den Flaschen lassen.

Essen ist ein Bedürfnis des Magens, Trinken ein Bedürfnis des Geistes.

Tillier, Claude (1801 - 1844) französischer Journalist und Schriftsteller

Als ich die Flasche Wein aufmachte, sagte Thebes, du hast den Korken da rausgezogen, als würdest du ihn vor dem Ertrinken retten.

Toews, Miriam (1964) kanadische Schriftstellerin und Journalistin

Es war, als würde man einen Weinkeller entdecken, der mit einzigartigem Weine bestückt wäre, die noch nie verkostet wurden. Es war ziemlich berauschend.

Tolkien, John Ronald Reuel (1892 - 1873) britischer Schriftsteller und Philologe

Ich mag Betrunkene nicht, aber ich kenne Menschen, die interessant werden, wenn sie einen getrunken haben, die dann durch Witz, Schönheit des Denkens, Gewandtheit und Reichtum der Sprache glänzen. Lauter Dinge, die ihnen im nüchternen Zustande abgehen. Darum bin ich bereit, den Wein zu preisen.

Tolstoi, Leo (1828-1910) russischer Schriftsteller

Die Franzosen haben den Wein, die Engländer haben den Humor.

Topor, Roland (1938 - 1997) französischer Künstler und Schriftsteller

Jeder intelligente Mann bestellt einen Wein, der Frauen gefällt.

Torres Carbo, Miguel (n.d.) spanischer Weinhändler

Ich würde Milch trinken, wenn Kühe Trauben essen würden.

Toulouse-Lautrec-Monfa, Henri Marie Raymond de (1864 - 1901) französischer Maler und Grafiker

Eine Flasche Wein ist die ultimative Destillation von Zeit und Ort; ein poetischer Ausdruck der Individualität.

Towles, Amor (1964) amerikanischer Schriftsteller

Sauvignon Blanc schlägt einem in den Mund – wie ein alter Bauer mit seinem Holzschuh ... Der Sauvignon ist der Jungspund. Es ist nicht solide genug. Es ist gewalttätig, es ist scharf, er beißt, er weint, es ist wie ein wilder Hund, den man an der Leine führt.

Troisgros, Michel (1958) französischer Koch und Önologe

Wein wird nach seinem Preis bewertet, nicht nach seinem Geschmack.

Trollope, Anthony (1815 - 1882) englischer Schriftsteller

All meine Lieblingsbetriebe waren entweder überfüllt oder erbärmlich leer. Die Leute nippten entweder feierlich die feinsten Jahrgänge oder schluckten Rauschmittel, egal welche, tranken diese ohne jegliche Hemmungen …

Truong, Monique (1968) vietnamesisch-amerikanische Schriftstellerin

Wenn wir durstig sind, kommt es uns vor, als könnten wir einen ganzen Ozean trinken: Es ist der Glaube.
Und wenn wir anfangen zu trinken, trinken wir ein oder zwei Gläser: Das ist Wissenschaft.

Tschechow, Anton Pawlowitsch (1860 - 1904) russischer Schriftsteller

Wir hätten sollen nicht so viel Steinwein trinken. Aber das ist schwer: So etwas von Reinheit, von klarer Kraft, von aufgesammelter Sonne und sonnengetränkter Erde war noch nicht da. Und das war nur der offene in Gläsern – wie wird das erst, wenn die gedrückten Flaschen des Bocksbeutels auf den Tisch gestellt werden?

An einem Rausch ist das schönste der Augenblick, in dem er anfängt – und die Erinnerung an ihn.

Schade, dass man Wein nicht streicheln kann.

Tucholsky, Kurt (1890 - 1935) deutscher Journalist und Schriftsteller

Immer wenn ich Champagner trinke, lache oder heule ich … ich werde so emotional. Ich liebe Champagner.

Tina Turner (1939) amerikanische Sängerin und Schauspielerin

Die Tiefe der Erfahrungen, die ein edler Wein zu einem Abendessen bringen kann, insbesondere eine 100 Jahre alte Flasche, lässt einen die Bilanz über das eigene Leben machen.

Tyson, Neil deGrasse (1958) amerikanischer Astrophysiker, Wissenschaftsjournalist, Fernsehmoderator und Autor

U wie Uva di Troia

Was ist das für ein durstig Jahr.
Die Kehle lechzet immerdar,
Die Leber dorrt mir ein.
Ich bin ein Fisch auf trocknem Sand,
Ich bin ein trocknes Ackerland,
O schafft mir Wein, schafft Wein.
Was weht doch jetzt für trockne Luft.
Kein Regen hilft, kein Tau, kein Duft,
Kein Trunk will mir gedeih'n.
Ich trink im allertiefsten Zug,
Und dennoch wird's mir nie genug,
Fällt wie auf heißen Stein.

Und wenn es euch wie mir ergeht,
So betet, dass der Wein gerät,
Ihr Trinker insgemein.
O heil'ger Urban, schaff uns Trost,
Gib heuer uns viel edlen Most,
Dass wir dich benedein.

Uhland, Ludwig (1787 - 1862) deutscher Dichter, Literaturwissenschaftler, Jurist und Politiker

Im Wein ist nicht immer die Wahrheit: Der Saft der Trauben führt oft zu Rosinen im Kopf.

Uhlenbruck, Gerhard (1929) deutscher Mediziner und Aphoristiker

Er kennt mehr Genüsse als irgendein Mann, den ich je getroffen habe. Er denkt aus Sinnlichkeit. Zu einem alten Wein und einem neuen Gedanken könnte er nicht nein sagen.

Urban VIII. (1568 - 1644) römischer Papst

V wie Veltliner Grün

Trinken Sie den richtigen Wein zur richtigen Zeit: eine Kunst.

Vachell, Horace Annesley (1861 – 1955) englischer Autor

Ein guter Wein muss darin einem guten Gastmahle gleichen, dass man am folgenden Tage, selbst nach reichlichem Genüsse, keinerlei Beschwerde fühlen darf.

Im Allgemeinen gibt die Erde, welche guten Wein gibt, auch gutes Öl.

Unsere edlen Weinsorten mit Wasser mischen, wäre fast sündlich; aber schlechten Wein – den soll man nicht trinken.

Pfeffer, nicht Zucker, sollte zur Melone gegessen, ein feuriges Glas Wein danach getrunken werden: Unter diesen Voraussetzungen ist die Melone ein leicht verdauliches Obst.

Vaerst, Friedrich Christian Eugen Baron von (1792 - 1855) preußischer Offizier, Schriftsteller, Theaterdirektor und Gastrosoph

Ich wohne in einem Speichelfluss von Sauternes.

Vautrin, Jean (1933 - 2015) französischer Autor

Die exquisite Leiche wird den neuen Wein trinken.

Vázquez Montalbán, Manuel (1939 - 2003) spanischer Schriftsteller und Journalist

Als ich jünger war, tauschte ich Konzert gegen Weinflaschen.

Vassiliu, Pierre (1962) französischer Sänger

Überall muss man Wasser in den Wein geben, in Flämingern vor allem Weihwasser.

Vercammen, Jan (1906 - 1984) belgischer Schriftsteller

Wer trinkt und nicht noch mal trinkt, weiß auch nicht, was er trinken soll.

Vecellio, Tiziano (1490 - 1576) italienischer Maler

Wein und Würfel herbei. Fahr' hin, wer um morgen sich kümmert.
Lispelt der Tod doch ins Ohr: „Lebet, ich komme gewiss"

Vergil, Publius Vergilius Maro (70 - 19 v. Chr.) römischer Dichter und Epiker

Der Wein ist kein Nahrungsmittel – er ist es auch –, aber er ist in erster Linie ein Gefährte, mit dem man lebt, mit dem man sich tröstet, mit dem man Freunde hat. Er ist eine Persönlichkeit.

Veronelli, Luigi (1926 - 2004) italienischer Gastronom, Weinkritiker und Autor

Lachen ist für die Seele und Wein ist für den Körper.

Trinke Wein und sei ein guter Katholik.

Verville, François Béroalde de (1556 - 1626) französischer Schriftsteller und Dichter

Die beiden kostbaren Mangelwaren, die dem Menschen seine Körperwärme von 37 Grad bewahren: Wein und Holzkohle.

Es gibt immer noch Menschen in unserem Land, deren Hauptanliegen und vorrangiges Interesse es ist, gut zu essen, kalt zu trinken, um sich zu unterhalten und sich zu vermehren.

Vian, Boris (1920 - 1959) französischer Schriftsteller, Chansonnier und Schauspieler

Was braucht es, um in dieser Welt glücklich zu sein?
Haben Sie zu Ihrer Rechten eine Urne mit altem Wein,
in der Tasche eine Krone, Sonne in den Augen,
und auf dem Schoß seine kleine Blondine.

Vicaire, Louis-Gabriel-Charles (1848 - 1900) französischer Jurist und Schriftsteller

Guter Hochheimer macht den Arzt überflüssig.

Victoria (1819 - 1901) Königin des Vereinigten Königreichs von Großbritannien und Irland

Beim Weißwein denkt man,
beim Rotwein spricht man,
beim Sekt macht man Dummheiten.

Vidal, Henri (1919 - 1959) französischer Schauspieler

Theater ist ein Lebensmittel, das für das Leben ebenso unerlässlich ist wie Brot und Wein.

Vilar, Jean (1912 - 1971) französischer Schauspieler, Theaterregisseur und -intendant

Zu Hause werden Menschen glücklicher und fröhlicher geboren als anderswo. Aber was für ein Glück haben die Menschen, die dort geboren werden, wo es gute Weine gibt.

Die Entdeckung eines guten Weins ist für die Menschheit wichtiger als die Entdeckung eines neuen Sterns.

Vinci, Leonardo da (1452 - 1519) italienischer Maler, Bildhauer, Architekt, Anatom, Mechaniker, Ingenieur und Naturphilosoph

Enge Freunde tragen zu unserem persönlichen Wachstum bei. Sie tragen auch zu unserem persönlichen Vergnügen bei, lassen die Musik süßer klingen, den Wein besser schmecken, das Lachen lauter werden, einfach, weil sie da sind.

Viorst, Judith (1931) amerikanische Autorin, Journalistin und Psychoanalytikerin

Wo der Wein einkehrt in‘s Haus, geht die Weisheit flugs hinaus.

Der Wein bringt Träume von Engelein, beim Bier fallen mir die Schuldner ein.

Das ist ein böses Gesind', so lang' schläft und trinkt geschwind.

Vogl, Johann Nepomuk (1802 - 1866) österreichischer Schriftsteller, Lyriker und Publizist

Er besitzt Stärke und Süße, die einem neue Lebenskraft verleihen. Er macht jede Zelle des Gehirns rege und entfacht ein blendendes Feuerwerk des sprühenden Geistes und des Frohsinns aus der Tiefe der Seele.

Wein ist die Nachtigall unter den Getränken.

Wein, der mäßig eingenommen wird, ist ein Heilmittel für Seele und Körper.

Einen Schreibtisch für meine Schriften zusammen mit einigen Flaschen gefüllt mit diesem göttlichen Saft vom September.

Voltaire, François-Marie Arouet (1694 - 1778) französischer Philosoph und Schriftsteller

Wer nicht liebt Wein, Weib und Gesang, der bleibt ein Narr sein Leben lang.

Voß, Johann Heinrich (1751 - 826) deutscher Dichter und Übersetzer

Mit großer Freude kümmere mich ich mich um das Essen und den Wein, aber was mich wirklich begeistert ist, wenn meine Gäste zufrieden sind.

Vrinat, Jean-Claude (1936 - 2008) französischer Restaurantbesitzer

W wie Wildmuskat

Wenn Sie einen Freund zum Abendessen einladen, bieten Sie ihm Ihren besten Wein an. Wenn Sie zwei einladen, reicht Ihr zweitbester Wein.

Wadsworth Longfellow, Henry (1807 - 1882) amerikanischer Schriftsteller, Lyriker und Dramatiker

Liebe ist wie ein volles Glas Wein. Solange man den Inhalt nicht getrunken hat, kann das Leben es nicht wieder füllen.

Wainhouse, Michelle Rose (n.d.) französische Autorin

Der Wein muss ohne Snobismus, ohne Zeremonie oder Glitzer, mit großer Demut Teil des täglichen Lebens sein.

Waldo, Myra (1915 - 2004) amerikanische Schriftstellerin

Die Gärung war vielleicht eine größere Entdeckung als das Feuer.

Wallace, David Raines (1945) amerikanischer Schriftsteller

Trinke nie einen langweiligen Wein.

Wallace, Keith (n.d.) amerikanischer Oenologe und Weinbauer

Rotwein ist wie Ketchup – es passt zu allem.

Walmsley, Jon (1956) britischer Schauspieler

Die Weine, an die wir uns oftmals erinnern, sind nicht die besonders guten, und die besten Weine sind kein Genuss, wenn der Kontext nicht stimmt.

Warner Allen, Herbert (1881 - 1968) britischer Schriftsteller

Zumindest bei den Katholiken weiß man, dass, wenn man dir einen Cracker reicht, es irgendwann auch Wein dazu geben wird.

Watts, Peter (1958) kanadischer Schriftsteller und Meeresbiologe

Die Opulenz dessen, was in einem staubigen Keller ruht und Tag für Tag mehr Reichtum erzeugt, bringt weit mehr Befriedigung als die minutiöse und ängstliche Prüfung der Aktienkurse.

Portwein ist nichts für die Jungen, die Eitlen und die Aktiven. Es ist der Trost des Alters und der Gefährte der Gelehrten und der Philosophen.

Waugh, Alexander Raban (1898 - 1981) britischer Schriftsteller

Es ist fast unmöglich einen guten Wein in einem ungeeigneten Glas zu genießen.

Waugh, Arthur Evelyn St. John (1903 - 1966) britischer Schriftsteller

Hier heißt der Sheriff Yquem, der Rio Bravo Ciron und das Gold Sauternes.

Wayne, John (1907 - 1979) amerikanischer Filmschauspieler

Hier im ird'schen Jammertal
Wär' doch nichts als Plack und Qual,
Trüg der Stock nicht Trauben.

Weber, Carl Maria von (1786 - 1826) deutscher Komponist, Dirigent und Pianist

Wer nicht genießt, wird ungenießbar.

Wecker, Konstantin Alexander (1947) deutscher Musiker, Schauspieler, Hochschullehrer und Autor

Der Wein ist mein Vergnügen.
Ich wollt, das ganze Meer
Wär Wein und ich ein Walfisch,
Der schwömme drüber her.

Weerth, Georg Ludwig (1822 - 1856) deutscher Schriftsteller, Satiriker, Journalist und Kaufmann

Von den Politikern können wir nicht erwarten, dass sie uns reinen Wein einschenken, aber von den Winzern.

Weidner, Wolfram (1925) deutscher Journalist

Es ist rein dasselbe. Freud würde zustimmen. Er betrachtete das Offensichtliche mit der gleichen Verachtung, die die meisten von uns für Weinschorle haben.

Philosophie ist wie Wein. Es gibt gute und schlechte Jahre, aber je älter, desto besser.

Eric Weiner (1963) amerikanischer Redner und Autor

Erotische Schriftsteller gibt's – die predigen Wein und trinken Wasser.

Weiß, Otto (1849 - 1915) österreichischer Musiker und Feuilletonist

Es gibt drei Dinge im Leben, die unerträglich sind: kalter Kaffee, lauwarmer Champagner und eine überreizte Frau.

Welles, George Orson (1915 - 1985) amerikanischer Filmregisseur, Schauspieler und Autor

Während wir hypnotisch die ständig abnehmende Sandreserve in der Sanduhr des Lebens beobachten, kommen die Instinkte eines Geizhalses hoch. Jetzt wird das Leben genossen, getrunken wie einen feinen französischen Wein aus dem 19. Jahrhundert.

Wheeler, Joe L. (1936) amerikanischer Hochschullehrer und Autor

Mit Rotwein und Hummer zu kombinieren hatte ich nicht viel Glück.

White, Jasper (1954) amerikanischer Küchenchef und Autor

Im guten Wein liegt keine Wahrheit, sondern Ehrlichkeit.

Wiechoczek, Reinhard (1945) deutscher Lehrer, Kosmopolit, Pazifist und Autor

Der Wein gibt Witz und stärkt den Magen.

Wieland, Christoph Martin (1733 - 1813) deutscher Dichter, Übersetzer und Herausgeber

Es ist ein schlechter Trost zu wissen, dass jemand, der uns ein schlechtes Mittagessen servierte oder eine mindere Weinsorte aufgewartet hat, ein völlig einwandfreies Privatleben führt.

Der Kultivierte bedauert nie einen Genuss. Der Unkultivierte weiß überhaupt nicht, was ein Genuss ist.

Die Franzosen sind so stolz auf ihre Weine, dass sie einigen ihrer Städte den Namen gewisser Grand Cru gegeben haben.

Die Englischen haben eine mirakulöse Macht, Wein in Wasser verwandeln zu können.

Arbeit ist der Fluch der Klassen, die trinken.

Um den Ursprung und die Qualität eines Weins kennenzulernen, ist es nicht notwendig das ganze Fass zu trinken.

Wilde, Oscar Fingal O'Flahertie Wills (1854 - 1900) irischer Schriftsteller

Diese zweite Flasche ist unser aufrichtigster Freund, intelligent, unparteiisch, weil sie uns die Wahrheit zeigt und uns zwingt, die Wahrheit über andere zu sagen.

Wilmot, John 2. Earl of Rochester (1647 - 1680) englischer Dichter

Noch eh die junge Welt die alten Weine sah,
sobald der Mensch erschien, war schon die Liebe da.

Withof, Johann Philipp Lorenz (1725 - 1789) deutscher Arzt und Hochschullehrer

Die herrlichen Gewächse der Pfalz rein und unverfälscht zu vertreiben und ihnen den hohen Rang zu erhalten, den sie als die ersten unter allen Weinen der Welt verdienen.

Wein will nicht getrunken sein wie Bier im wilden Wellenschlag durststillender Schlundvergnüglichkeit, sondern im Allmählichkeitstempo molliger Schlürflust.

Witter, Eduard (um 1859) deutscher Weinhändler

Ich habe getrunken manchen Wein
in manchem Land beim Wandern;
der eine fuhr mir ins Gebein,
im Kopf fühlt ich den andern;

ins Herz doch ging mir keiner so
und machte mich so frei und froh
und ledig aller Bande
wie Wein vom Mosellande.

Wolff, Julius (1834 - 1910) deutscher Dichter und Schriftsteller

Der Wein ist süß wie Schlehentrank, der macht die Kehle rau und krank, dass sich verwirrt mein heller Sang, oft nach Tramin steht mein Gedank.

Heb auff und laß uns trinken, von disem gueten Wein,
und lähmt er uns die Sschinken, so mues er doch hinein.

Wolkenstein, Oswald von (1377 - 1445) südtiroler Sänger, Dichter, Komponist und Politiker

Sprache ist Wein auf den Lippen.

Woolf, Virginia (1882 - 1941) britische Schriftstellerin und Verlegerin

Es gab natürlich kompensatorische Vorteile älter zu werden […] jetzt werde ich auf das Sofa in der Nähe des Kamins gesetzt und kann so viel Wein trinken, wie ich möchte.

Jane gab zu, dass sie gestern zu viel getrunken hatte. Ansonsten konnte sie auch nicht erklären, wo das Zittern ihrer Hände herrührte.

Worsley, Lucy (1973) britische Historikerin, Autorin, Kuratorin und Fernsehmoderatorin

Ich habe Wein aus Rosinen hergestellt, damit ich nicht warten muss, bis er alt ist.

Wright, Steven (1955) amerikanischer Schauspieler und Schriftsteller

X wie Xarello

Ein Zitat mit X, das war wohl nix.

Y wie Yaqui

Wein erreicht uns durch den Mund und Liebe durch das Auge. Das ist alles, was wir sicher wissen werden, bevor wir alt werden und sterben. Ich hebe das Glas an meinen Mund, sehe dich an und seufze.

Ich habe mehr Männer gesehen, die durch den Wunsch, Frau und Kinder zu haben, runtergekommen sind als durch Alkohol und Ausschweifungen.

Yeats, William Butler (1865 - 1939) irischer Dichter

Mindestens einmal am Tag solltest man etwas pur zum Genießen machen, und Wein ist meine Art der Entspannung

Young Uck Kim (1947) Südkoreanischer Violine-Spieler

Z wie Zweigelt

Wein macht den Weisen zum Narren und den Narren zum Weisen

Zafón, Carlos Ruiz (1964) spanischer Schriftsteller

Das Parfüm und der Wein teilen beide ein Geheimnis. Sie müssen reifen, um ihre Kräfte zu erlangen.

Zemhoute, Youssef (1987) deutscher Schauspieler

Vermeide stets, dich einsam zu besaufen,
und lass es bleiben, wenn du traurig bist.
Doch lass getrost dich voll und voller laufen,
wenn dir so ist, wie mir es immer ist.

Eine Weinkarte,
wenn mit Fantasie gelesen,
ist fast so schön,
wie wirklich voll gewesen.

Zuckmayer, Carl (1896 - 1977) deutscher Schriftsteller

Dem einen fehlt der Wein, dem andern der Becher.

Zweig, Stefan (1881 - 1942) österreichischer Schriftsteller